山西博物院

藏品概览·山西名人书画 卷

山西博物院 编

文物出版社

图书在版编目（CIP）数据

山西博物院藏品概览 . 山西名人书画卷 / 山西博物
院编 . -- 北京：文物出版社，2020.12
ISBN 978-7-5010-6720-6

Ⅰ . ① 山… Ⅱ . ① 山… Ⅲ . ① 文物—介绍—山西 ② 汉
字—法书—作品集—山西 ③ 绘画—作品综合集—山西
Ⅳ . ① K872.25

中国版本图书馆 CIP 数据核字（2020）第 118171 号

山西博物院藏品概览·山西名人书画卷

编　者 / 山西博物院

责任编辑 / 王　媛
责任印制 / 张道奇
装帧设计 / 谭德毅

出版发行 / 文物出版社
社　　址 / 北京市东直门内北小街2号楼
邮政编码 / 100007
网　　址 / http://www.wenwu.com
邮　　箱 / web@wenwu.com
经　　销 / 新华书店
制版印刷 / 北京荣宝艺品印刷有限公司
开　　本 / 889毫米×1194毫米　1/16
印　　张 / 15.75
插　　页 / 1
版　　次 / 2020年12月第1版
印　　次 / 2020年12月第1次印刷
书　　号 / ISBN 978-7-5010-6720-6
定　　价 / 280.00元

《山西博物院藏品概览·山西名人书画卷》
编辑委员会

序言

山西位于黄河中游，地处中原农耕文化和北方草原文化交汇区域。特定的地理位置和多元的文化交流，为三晋大地留下了丰富而鲜明的历史文化遗产。山西现有不可移动文物 53875 处，其中全国重点文物保护单位 452 处。国有馆藏可移动文物 320 万件（组）。这些美轮美奂的文物，恰如散落在黄土地上的点点繁星，折射出华夏文明的璀璨光辉。

山西博物院前身为 1919 年创建的山西教育图书博物馆，是中国最早设立的博物馆之一，至今已有 100 年的历史。1953 年起称山西省博物馆。2005 年建成开放的山西博物院坐落在龙城太原美丽的汾河西岸，2008 年起向公众免费开放，成为全国首批国家一级博物馆，是山西省最大的文物收藏、保护、研究和展示中心。院藏的 40 余万件文物荟萃全省精华，其中新石器时代陶寺遗址出土文物、商代方国文物、两周时期晋及三晋文物、北朝文物、石刻造像、历代地方陶瓷、金代戏曲文物等颇具特色。

为保护传承山西历史文化，合理利用文物资源，以文明的力量助推社会的发展进步，值此建馆 100 周年之际，我院将分期分批推出院藏文物精品图录，藉以向为山西博物馆事业付出辛勤劳动、无私奉献和关心支持的各界人士表示崇高的敬意和衷心的感谢！同时希望更多的社会各界人士关注、关爱、支持山西博物馆事业的发展！

回望百年，一代代晋博人薪火相传，筚路蓝缕。遥望未来，新时代的文博人将栉风沐雨，砥砺前行。习近平总书记强调，要"系统梳理传统文化资源，让收藏在博物馆里的文物、陈列在广阔大地上的遗产、书写在古籍里的文字都活起来"。作为三晋文化的弘扬和传承者，山西博物院将认真贯彻落实习近平总书记关于文物工作的重要指示批示精神，坚持把社会效益放在首位，着力打造"艺术展示的殿堂，学生学习的课堂，民众休闲的乐园"，使博物馆成为推动经济社会发展、彰显地域文化魅力、提升人民生活品质的有力支撑，为不断谱写新时代中国特色社会主义山西新篇章而不断努力！

谨以此献给山西博物院成立 100 周年。

山西博物院院长

2019 年 1 月

综述

艺术史的研究，不唯是纵向时间性的，也是横向地域性的。脱开对地域性文学艺术的个性关照，所谓的整体研究往往容易流于空泛和模糊，故而结合存世书画作品，考证、钩沉地方史志和地域性艺术群落，能够让我们更好地建构和完善对于中国古代艺术史课题的研究。

三晋文化源远流长，其人文艺术如长河蜿蜒流淌，更如星空璀璨浩瀚，卓然于民族传统文化之林，始为源头，继为重镇，书写着不朽的诗篇。山右书画自晋唐宋元递嬗及至明清近代，历代名家光耀史册，名垂墨林。

清代以来的山西书画艺术家多闻名海内，为后人留下了丰富的艺术财富。通过对这一时期山西书画艺术家生平、交游、创作等方面的分析，结合政治、经济、思想、文化等因素，我们可以勾勒出清代以来山西艺术发展轨迹与起承流变关系，不同时期的艺术特征和形成原因，及其所受文化传承及地域形态等方面的影响。

一、前朝风流化骨鲠——清初的山西艺坛

有明一代，晋人累出英才，于学则北学兴盛，于政则屡出宰辅，惜未如江南翰墨之盛，传世作品较少。但在政治精英、学者文人的引领下，三晋文风始终不堕。及至清骑入关，天下易主，重关之内的山西艺坛在时代大潮激荡、冲淘下涌现出一大批煊赫后世的名家。

卓然独秀者当属傅山（1607~1684年）。其书法在17世纪的中国书坛独树一帜，真、草、篆、隶诸体皆擅，并开创了清代碑学之先河。他喜以篆、籀笔法作书，重骨力，书出颜真卿，总结出"宁拙毋巧，宁丑毋媚，宁支离毋轻滑，宁直率毋安排"的经验。他的画作达到了很高的艺术境界，山水、梅、兰、竹等均极精妙，被列入"逸品"。

傅家满门俊彦，单以书法论，傅山曾自谓傅氏已经"一连六七代矣"。傅山的侄子傅仁、儿子傅眉（1628~1683年）、孙子傅莲苏无不精通书道，他们秉承和发扬了傅山精深博大的书学精神，为后人研究傅山书法提供了丰富的旁证和资料。其中，傅仁书法窥得傅山堂奥，时人认为几乱其真。傅眉，字寿髦、竹岭，自号小檗禅，其艺术养成受傅山影响极大，诗文、书画、学术均有极高造诣，时人每每将其与傅山并称。傅眉的书法柔中带刚、骨力纵横，画艺则与傅山各有千秋，较之乃父更加精巧细腻，别有一番情致。傅眉之子傅莲苏，字岩裔，承家学，精擅书法，其传世墨宝甚少，故片纸寸墨更显珍贵。在傅莲苏的

努力下，傅山的诸多著作和生平逐渐为后人所知，真正意义上做到了将傅山的艺术发扬光大。傅氏祖孙三代四人于书艺精髓，均能造奥，为世所无。

17世纪中叶，傅山是山西无可争议的文坛祭酒，同时也是"反清复明"的精神领袖。因此，当时一批重量级学者，如顾炎武、潘耒、阎若璩、朱彝尊等会聚晋地，形成了一个足以与江浙学术中心相媲美的山西学术圈，举凡经史诸子、金石音韵、堪舆地理和古文字等学术前沿，皆有砥砺研讨，于清代考据学的发端与兴盛实有奠基之功。数百年之学界盛事皆因傅山而发生，其对山西文脉之传承复兴功莫大焉。其中山西本地与傅山声气相通的祁县戴廷栻和太原梁檀尤为引人注目。

戴廷栻（1618~1691年），明清之际著名的诗人、学者和收藏家，在明清易代之际保护了大量文物，其精于诗文、书画创作，作品中往往寄寓对故国的思念。戴家与傅氏几代交好，入清以后，作为明遗民的傅山生活艰难，戴廷栻曾给予其长时间的帮助。现存傅山与戴廷栻之间的书法作品、往还书札甚多，学者们每每从其间发现关于傅山生活、经济、创作、交游的侧面记载，因此对戴廷栻的深入研究是打开傅山研究新领域的独特视角。

梁檀（生卒年不详，约卒于清康熙年间），字不廛，一作大廛，一字乐甫，号天外野人、芦鸯居、兼葭主人等，回族，山西太原人。梁檀是明末诸生，入清不仕，其人格、艺术均为傅山所推重，傅山常向他请益画艺，并为之作传。梁檀精于绘事，临摹古人山水、人物、花鸟、虫鱼，无所不工；书法孤洁秀峻，自标一格；诗作极清新。梁檀与傅山身份、志趣、艺术水平都近似，傅山对梁檀一直尊重有加。

除了以傅山为代表的遗民群落，清初山西还有着以吴雯为代表的布衣书家和以陈廷敬为代表的庙堂士人，他们出处选择、人生旨趣各不相同。综而观之，庶几可得士人之全貌。

吴雯（1644~1704年），字天章，号莲洋，又号玉溪生，山西永济人。清康熙十八年（1679年），吴雯召试"博学鸿儒"科，报罢，遂遍游天下，布衣终老，他一生结交文人雅士，时人甚至以能与其结识为荣幸。吴雯是清初著名诗人，诗才高妙，被王士禛誉为"仙才"，著有《莲洋集》。吴雯亦工书法，得王献之神髓，其书法骨力独具，傲岸不屈，既有文人的飘逸，又有落拓江湖的洒脱，在清代就被人奉为法书。吴雯的书法往往为诗名所掩，究其书法水平于清初完全可在傅山之外独占一席。也正因为吴雯高超的文学素养，其书法艺术的内涵和藉蕴达到了一般书家无法企及的审美高度，故而对吴雯的研究不能缺少对其书法的观照。

陈廷敬（1639~1712年），字子端，号说岩，晚号午亭，山西阳城人，官吏部尚书、文渊阁大学士、《康熙字典》总修官等职，被称为"康熙帝师"，是康熙皇帝的股肱之臣。陈廷敬诗风清雅醇厚，独树一帜，在清初与王士禛相颉颃，被奉为一代文宗。陈廷敬的书法祖述"二王"，是清代初期帖学功底极深的代表性书家，能融会贯通、博采众长，然创新不足。

于成龙（1617~1684年），字北溟，号于山，山西方山县人，明崇祯十二年（1639年）举副员，清顺治十八年（1661年）出仕，后官两江总督。于成龙廉洁为民，深得百姓爱戴，被康熙帝称为"天下第一廉吏"。于成龙擅长诗词，亦工书法，平中寓奇，法度谨严，笔法以晋人为主，极具王书用笔特点，是清初庙堂书法的上乘之作。于氏善教儿孙，孙于準曾官至江苏巡抚，孙于灏虽仕途不达却精于书翰。于灏（生卒年不详，约生活在清康熙至乾隆时期）字云谷，贡生，曾任职刑部，工于诗文、书法创作，所书诗句每每己出而不蹈袭前人，书法精擅行草，洒脱不羁，得其时代之先声，颇有时名。于灏的书法作品存世较为丰富，其作品中晚明以来的书风渐渐褪去，朝野之间的气韵似乎达到了一种微妙的平衡。

纵观清初顺、康、雍三朝的山西书坛，既有被目为遗民领袖的傅青主及其子孙、同道，也有身居庙堂的陈廷敬、于成龙和毕振姬，还有布衣终老的名士吴雯，他们或仕或隐，均为士林所瞻望，他们的作品同人品一样，耿介高标、风骨独具，织成一片风景。

二、学者诗宗并书家——乾嘉至同光

纵观清代书法，以帖学和碑学相继占据时代主流，大体上分为前后两期，以乾嘉学术昌盛的乾嘉时期为限。从艺术史角度出发，清代书法这种前帖后碑的风格嬗变，代表了书学调适发展的需要，与之相应，清代的书学理论也大致分为两个阶段。

而"康乾盛世"虚华将尽之时，清王朝的积弊渐露，西方列强的炮船轰开了古老帝国的大门，中华文明面临前所未有的挑战，传统士人在痛苦中思考，在绝望中探索，终于睁开眼睛看世界。以祁寯藻、张穆和徐继畬为代表的山西文人，身兼朝廷重臣和著名学者等多重身份，他们励精图治、针砭沉疴，挥毫泼墨间赤子之心仿佛在拳拳脉动。此阶段还有杨二西、温忠翰、张道渥、宋葆淳、岳崧和赵鹤等山右名流，以各自的艺术造诣蜚声艺林。

清中期以后，以家族为单位的艺术群体在长时间的酝酿之后逐渐催生出累累硕果。一如湖南何凌汉、何绍基、何庆涵、何维朴四世工书，山西寿阳祁氏也是此时名重海内的艺术世家，不同在于寿阳祁氏不只在艺术史上名标后世，更在仕途、学术、文学等领域有卓越建树，成一代之佳谈。

首开祁氏家风的祁韵士（1751~1815年），字鹤皋，又字谐庭，别号筠渌，晚年又号

访山，清代著名西北史地学家、文学家和朴学家。他曾官翰林院编修，一生著述等身，在清中期的史地学界享有盛誉，是我国清代西北史地学的奠基人和一代宗师。祁韵士书法传世不多，作品中自带一股苍劲豪迈之气，是典型的文人书法。祁韵士在各领域的独到建树，开创了寿阳祁氏以及此后山西学术界的重实学风气，具有划时代的意义。

将祁氏一族勋业声名推上巅峰的是祁韵士的儿子祁寯藻（1793~1866年）。祁寯藻是祁韵士的第五子，字叔颖，一字淳甫，后因避讳改实甫，号春圃、息翁。他二十二岁中进士，后官至大学士、首席军机大臣，政声显赫，是清代晋人在朝中居官最高最久者，曾为道光、咸丰、同治皇帝授课，人称"三代帝师"。祁寯藻主持清代道咸诗坛、书坛数十年，为士林所瞻望，他为学主张通训诂，明义理，调和汉宋学术之争；为诗主张宗宋，开后代同光宋诗派之先河。祁寯藻是清代书坛承上启下的一代宗师，其书法由小篆入真、行，出颜、柳，参以山谷，深厚遒劲，自成一格，论者谓达到"大书深刻"之绝诣，有"为一时最，人共宝之"的赞誉，堪称傅山后第一人。

祁寯藻之子祁世长（1825~1892年），字子禾、念慈，一字子和，号敏斋。清咸丰十年（1860年）进士，历官内阁学士、左都御史、工部尚书、顺天府尹等职。寿阳祁氏一门俊彦，祁寯藻、祁世长父子两代"相国"，实为史上罕有。与清初傅山、傅眉父子的家学授受一样，祁世长深濡家学，书法得乃父精髓，雅致端庄，中和位育，堪称一绝，继承和光大了祁氏一门的深厚传统和文化。

与祁寯藻关系密不可分的一位学者是张穆（1805~1849年），此二人友情颇深。张穆，初名瀛暹，字石舟，亦字石州，山西平定人，清代著名的爱国思想家、地理学家、诗人和书法家。他致力于西北边疆地理和蒙古史的研究，写下了《蒙古游牧记》《俄罗斯补

辑》《魏延昌地形志》等著作，是祁韵士之后西北史地学界又一领军人物。张穆的书法自成风格，端秀劲逸，从容自由，笔笔皆具神采，字字俱端正工稳，间施以篆法，又见章、隶，笔下如有峰峦叠嶂之势，功力深厚，别具天然之趣。傲岸的性格，深邃的学术视野，相对独立的思考和创作空间，都对张穆书法风格的形成起到了滋养和补益作用。故论对山西书坛乃至时代书风的影响，张穆不及祁寯藻，而就书法的厚度和内美高度，则张穆不但已经超越了祁寯藻，更达到了19世纪中叶学者书法的顶峰。惜乎其人享年不永，蹭蹬未显。

在以寿阳祁氏和张穆为核心的艺术群体之外，五台徐氏亦为当时三晋思想界、艺术界一大宗脉。徐润第（1761~1827年），字德夫，号广轩，山西五台人。清乾隆六十年（1795年）进士，授内阁中书，历任储济仓监督、湖北施南府同知等。徐润第是清代中后期著名的思想家，其《敦艮斋遗书》从解读经书的角度悄然阐述西方民主、科学思想，在当时具有开辟性的意义，其子徐继畬（1795~1873年）的学术渊源即来自此。徐润第工书法，中年学欧，晚年学颜，行草兼二王，自成一体，尤工大字，笔力古劲，卓然大家。

徐继畬，字松龛，又字健男，别号牧田，书斋名退密斋。清道光六年（1826年）进士，历任广西、福建巡抚和闽浙总督、总理衙门大臣，为首任总管同文馆事务大臣。徐继畬继承和发展其父徐润第思想，是中国近代开眼看世界的伟大先驱之一，他是近代著名的地理学家，在文学、历史学等方面也有一定的成就，著有《瀛环志略》。徐继畬书法行笔流畅，柔中有刚，气势蕴积，丰润而不肥滞，有宋人法书遗意。

太原一地自清初傅山之后，论作品之丰、书名之显，则有杨二酉可继其武。杨二酉（1705~1780年），字学山，号又邨，别号西

园、一梅居士，晚年号悔翁，山西太原人。清乾隆年间官员、著名书法家，曾任翰林院编修等文职。乾隆四年（1739年）以御史身份巡视台湾并兼理学政，任内选诸生建海东书院，后返回山西。杨二酉的书法作品意境高迈，天趣流动，以颜真卿笔法为基调，参以二王笔意，深沉中极备灵动之致，凝练雄浑，意态雍容，具见其非凡的功力。

三、大江以北无比肩——光宣至民初

晚清至民国的山西书坛因两百余年学脉流衍，兼受时代风尚的影响，呈现出夺目的光彩。考察这一时期的三晋书风，不得不对给予其养分的两个学术潮流加以瞩目，一为金石学的繁荣，一为修志学风的蓬勃。

晚清金石文化繁盛，金石器物及拓片被广泛收藏、流转与研究，传拓技术的成熟为书法研究与实践提供了高质量范本，多数金石学家同时又是书法家，书法审美风格也由此发生巨变。晚清金石文化开拓了多样的研究方法，促进了书法篆刻艺术的变化，影响了近代有关学科的形成与发展，具有深远的历史意义与重要的研究价值。

兼具史志学家和金石学者的代表性书家当首推杨笃（1834~1894年）。杨笃为近代极为有名的方志界名家，主撰了《光绪山西通志》《蔚州志》《代州志》等13部262卷志书，创造了我国历史上个人修志种数最多的纪录。杨笃还是极负盛名的诗人、杂家兼书法家，他学问渊博，贯通经史，尤擅金石书法，好为篆字，古朴大雅，为人所推重。可以说，杨笃所代表的是清末晋学的最高水平。

学者之外，兼融晋商底蕴和三晋文风的一批书家逐渐成为这一时期山西书坛的主流，其中最具代表性的无疑是太谷赵铁山（1877~1945年）。赵昌燮，字铁山、惕三，号汉痴，在经史、书画、文学方面均有极深造诣，十九岁时书法就已著称乡里。清宣统元年

（1909年），中国近代史上最后一次科举取士，赵昌燮得选拔贡。辛亥后，赵昌燮深居简出，精研书画，临习诸家，兼教子侄辈课读。他于书法造诣极深，初致力碑学，晚年又深研帖学，书法由唐上溯汉魏六朝，凡名家碑版无不求索临池，篆、隶、真、行四体皆精，书路之宽为一般书家所不及。1926年，赵昌燮书法在上海展出，被誉为"大江以北，无出其右"，人称"华北第一枝笔"，与吴昌硕并称"南吴北赵"。他于绘画亦有造诣，虽不多作，偶尔写意，均称佳品。所作诗文清慎文雅，著有《綱斋诗文集》《读书杂钞》等。赵昌燮与榆次常赞春、旭春兄弟，书风复古，直追秦汉，创造了山西书法史的又一高峰。

常赞春（1872~1941年），字子襄，号迁生、髯翁等，晋商巨擘常氏第十四世。清光绪二十八年（1902年），常赞春与胞弟常旭春双双中举，传为佳话。后常赞春毕业于京师大学堂文科，在山西大学、国民师范、进山中学等各校执教。其毕生笃学经史、文学，考据金石书画颇精。书法尤精篆隶，方整端稳，圆润雅洁，高古不凡，自成风格。常赞春擅长指画，以指着墨，勾勒人物、山水、鸟兽、花木，挥洒自如，因号"一指头禅"，是清末民初山西卓有成就的书画、篆刻大家。

常旭春（1873~1949年），字晓楼，号藏山，曾任礼部员外郎，与胞兄常赞春被世人誉为"常氏二贤"。常旭春学书从魏碑入手，进而研习李邕书法，用笔势沉力稳，提按灵活，书法艺术名冠三晋，彼时店铺商号以得常旭春题写匾额为荣。工诗词，有"书学李北海，诗步王渔洋"之誉。

二常昆仲与赵铁山所构成的文化圈子是近代山西文化界最后的代表，随着三人的相继离世，似乎也标示了一个漫长文化时代的结束。

回顾近四百年的山西艺术史，名家辈出，楮墨纷然，既有昂然傲立、领一代新风的宗师大家，也有苦心孤诣，以学问滋养艺术、用艺术排遣衷怀的学者和思想家。今天当我们再次走近这些先人留下的瑰宝，不难发现，正是他们用历史、用艺术、用思想纵横交织出三晋文化的夺目华章。

宋　涛
2020年10月

目录

時雨有雲霏
志苟動用之得
雖舍生而何忌
羽程之微風州
梅摩終感
備竹剖折豪些
提攜器通握之
盧香怀衆舍
在御月輕阿
敢當願須恩
聖后且見扮
於筵中
楚月
戊

山西名人书画卷·图版

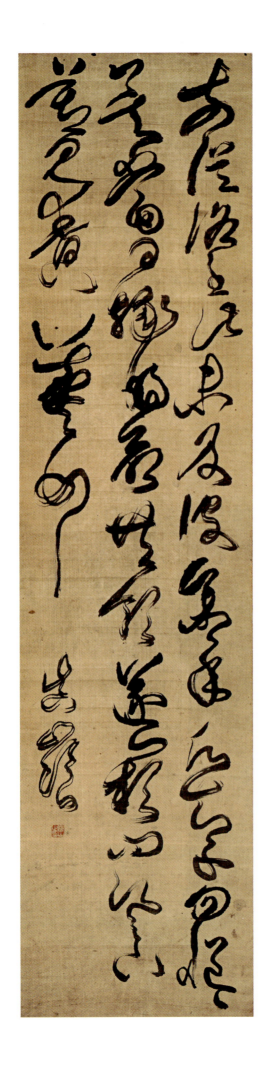

傅　山　草书临王羲之明府帖轴

清

绢本

纵 191 厘米，横 49 厘米

1963 年征集

傅山（1607~1684年），初名鼎臣，后改名山，字青竹、青主，号侨黄、真山、朱衣道人等，阳曲（今山西太原）人。博通经史诸子，工诗文，擅长书画。篆、隶、正、行、草皆精，以草书成就最高。绘画以山水、花鸟为主，气韵高古，苍茫雄厚。

临王羲之《明府帖》："前从洛至此，未及彼参承，愿夫子勿悒悒矣。当日缘明府共饮，遂阙问，愿足下莫见责。羲之顿首。"款"真山临"，钤白文方印"傅山之印"。笔墨纵横，境界高古，是其临帖书法的精品之作。

傅　山　草书临柳公权圣慈帖轴

清

绫本

纵 134 厘米，横 53 厘米

1964 年罗静宜女士捐献

临柳公权《圣慈帖》："圣慈允许守官，稍减罪责，犹深忧惧。续冀面言，不一一，诚悬呈。"款"傅山临"，钤白文方印"傅山印"。笔法圆转遒健，得柳书之长，而又自具特色。

傅　山　草书寿王锡予四十韵诗屏

清

绫本

纵 200 厘米，横 51.5 厘米

1961 年文化部移交

十二条屏。草书五言四十韵诗，祝贺王锡予六十寿。笔势连绵，如龙蛇飞舞，苍劲宏阔而又婀娜多姿。款"松侨老人真山书"，钤白文方印"傅山之印"。钤"黄绍斋家珍藏""少斋六十后所得书画"两方藏印。黄绍斋，名国梁，陕西洋县人，著名集邮家。

傅 山 书画合册

清

纸本 墨笔

纵 23 厘米，横 15.5 厘米

1962 年征集

六开，书、画各三开。绘山水小景，笔墨灵动，逸趣自生，仅钤白文方印"傅山之印"。行书《录三都赋序》等，后题记："予家藏久矣，思欲勒诸石，□□同好，甲申之后遂寝其事。噫！可慨也夫。"钤白文方印"真山"。

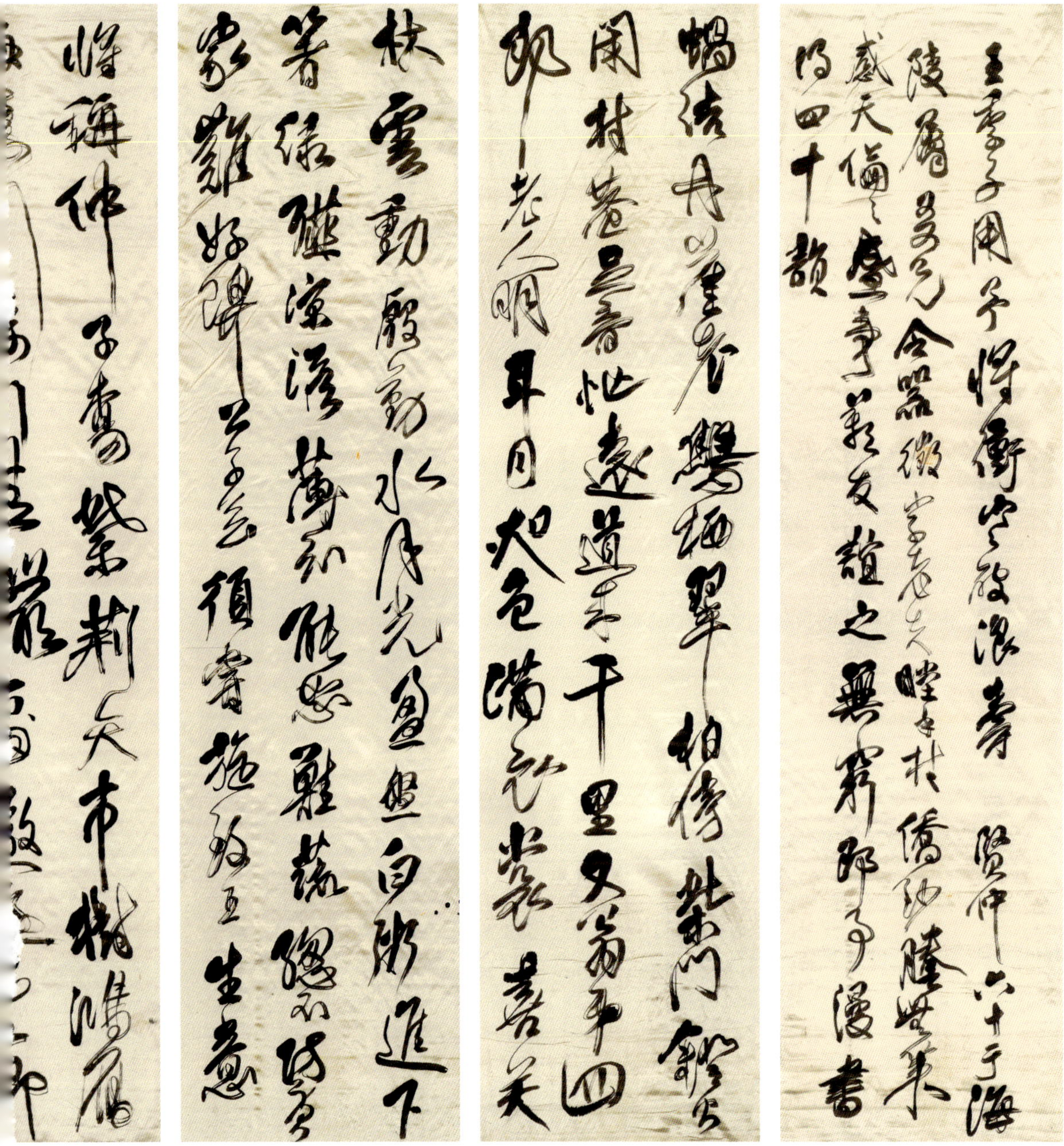

鹏海占地石满石群门横德入住時地岩

国得勢影安龍霸浮別作盡財糟烟露攬我星河出豪紫袖花欽久変庵夏之商斗傑龍印

郡宗輝海玉龍胞修善變化天地見圖方都會趣俗率直誠一運高手眺積雲揮筆此當輩霜干丈連飛之些題

用谷墨智仁良意易勞苦念怖心思同彼江山宣半藥言圖方音贈諛貴老夫當唯句遇碍記飛書莫謂忘遊移補野滿

可縫墨輩雪以見肝刑金群滑與岳軍藏伴半遠議粉到腐黄即此真醉瞞而喬介書篤篤盧心郭而祥藥味吾喜

施濟卿善繪予嘗畫一牧童畫倒騎
牛背橫吹短笛題詩云短笛吹生倒
騎牛春風拂柳弄嬌柔中何有可
地說市簟人恐未知吾西橋詞云牛背上
起雲下昇平無事向雲向笑傲雪
人不識這家風奈老紅塵裏
漢武帝武術士心承雨路船一生長伝晚
年有悟日世萱有神仙我路妖走可

服藥散糖著堪句病了
錄三都賦序
詩有六義其二曰賦楊雄曰詩
以門班固曰詩人之賦麗
哥以欲土風見綠竹猗也先王采
澳之臺又左太冲屋州知秦時西戎
之宅故族居於兩耕八方笙相水賦上
林而引竟慶橋夏談揚雄賦甘泉而陳

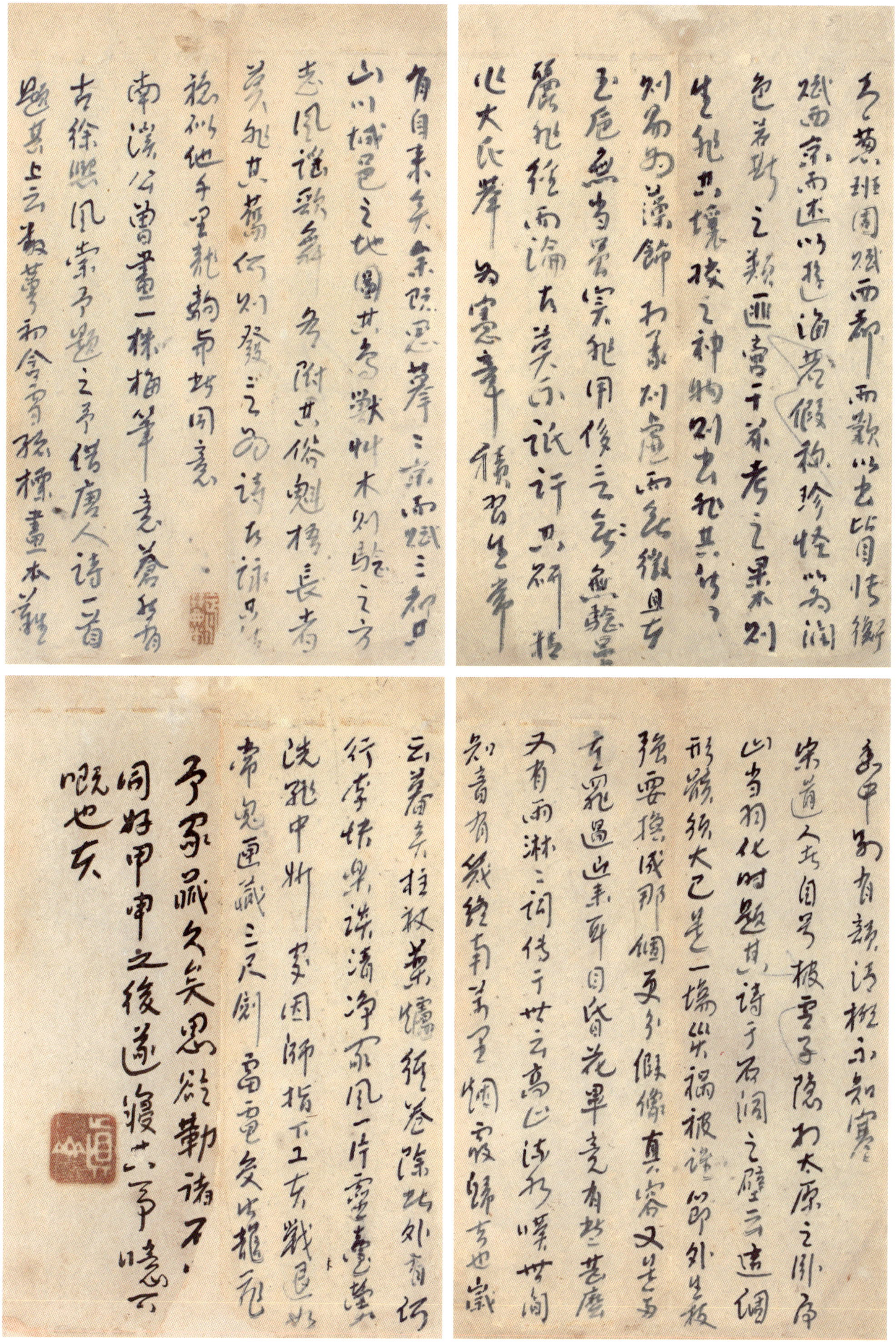

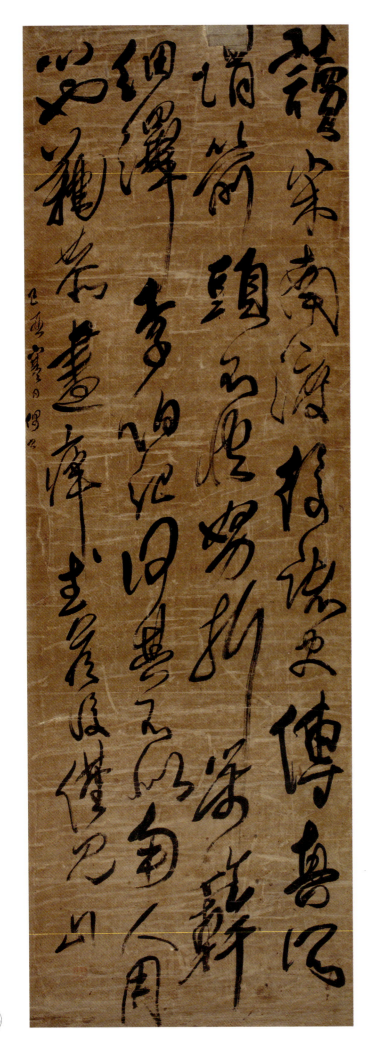

傅　山　草书读宋南渡后诸史传轴

清

绫本

纵149厘米，横50厘米

1961年山西省太原市征集

"读宋南渡后诸史传，真所谓箭头不快，努折箭竿。细绎李伯纪，何其不似南人用心也！鞠躬尽瘁，武侯后仅见。山，己酉寒日偶书。"钤白文方印"傅山印"。笔力苍劲，顿挫起伏，收放自如。

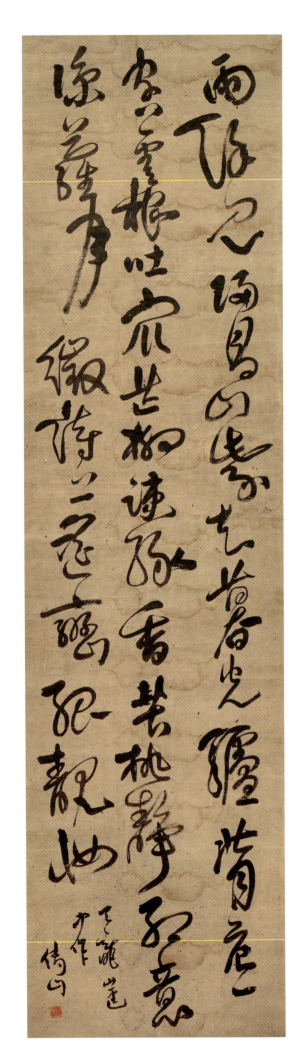

傅 山　草书天龙山迳诗轴

清

绢本

纵189厘米，横50.5厘米

1962年故宫博物院调拨

"雨余见归鸟，山紫知暮光。驴背危一客，云根吐众芒。柳疏绿香苦，桃静红意凉。萝月征诗上，遥峦孤靓妆。"款"天龙山迳中作，傅山"。钤白文方印"傅山私印"。傅山《霜红龛集》收录多首吟天龙山诗，此为其一。书法结字矫健，笔势连绵，如龙蛇飞舞，潇洒奇逸。

傅　山　行书李商隐华州周大夫宴席诗轴

清
绢本
纵 198 厘米，横 46 厘米
1961 年北京市征集

"郡斋何用酒如泉，饮德先时已醉眠。若共门人事礼分，戴崇安得及彭宣。"款"七十五翁傅山书"，钤白文方印"傅山之印"。用笔参以草意，笔墨纵横，力透纸背，是傅山晚年书法代表作品。

傅　山　楷书阿难吟册

清

纸本

纵 28.6 厘米，横 16.3 厘米

1993 年赵正楷先生捐献

八开半。笔画丰腴、宽博、浑厚，承袭颜真卿书风。末页钤白文
方印"傅山之印"。册后有常赞春、赵戴文、常旭春、赵铁山、
赵正楷五人题跋。

伊誰發心供看經者
如何又令僧徒營為
尋人之心而嗻發之
用即圓滿道場備物

蕭巧方便鸚哉致詞
首一譬喻為代嚴言
譬言如一起大老財主
載諸財寶而過大海

財主許可家長招招
人來搭船見其艙中
有人占坐我不肯坐
人之騰船家長復言

中艙雖占船錢亦多
眾搭之者船錢絕少
我復不肯令諸搭人
逼拶不隱各大利益

過也請問搭人干令
尚在郵邊岸上不曾
過邪諸搭人云我今
見在者邊岸已云何

過海諸搭之者錢財
艙者多出錢財乃能
笑言却作麼生坐中
翻問過也不過家長

家長唯唯請止其跳
既止跳已家長思惟
船錢不穀乃告財主
令其增添財主不肯

招其家長與之約契
我等出錢包此一船
感儀自在占其中艙
不許搭人擾混我等

容此眾人攜帶過險
此船非我我便屬財主
財主出錢顧我此船
到岸可知家長白言

到岸自知搭者唯唯
上船坐已順風篷柂
而到岸邊搬載且畢
財主問言有何功德

士斷章涣花而為偈
角長年三老復有癡
言者僧蕭巧陸地行
去說是喻已有癡士

少少而能過海與諸財
主過海利益等無有
二用少功多思惟是
否搭人歡禮作禮而

15

傅　山　草书五言诗轴

清
绢本
纵 167 厘米，横 46.5 厘米
1957 年山西省太原市征集

"摘得红梨叶，薰作甜梨香。山斋一清供，闻性带霜尝。"款"真山"，钤白文方印"傅山之印"。章法行距紧密，字距疏朗，牵丝映带，一气呵成，具有强烈的空间感与节奏感。

傅　山　户外一峰图轴

清

绢本　墨笔

纵 118.5 厘米，横 46.4 厘米

1957 年山西省太原市征集

高远法构图，绘崇山峻岭，村庄古寺，
山涧瀑流成溪。山石用披麻皴，笔
墨简洁。款题"户外一峰秀，阶前众
壑深。松侨老人山"。钤"傅山""真
山"两方印。左下角钤"孙郅之
印""鞠潭精舍"两方鉴藏印。

傅　山　乔木硕果图轴

清

绢本　设色

纵 189 厘米，横 48.5 厘米

1958 年山西省太原市征集

图绘两株乔木扎根于岩石，枝繁叶茂，呈现出顽强的生命力。款题"写得乔木硕果，奉寿翁□老先生，侨黄山"。下钤白文方印"傅山印"。左下角钤两方鉴藏印"藏于曹氏""求自慊斋"。

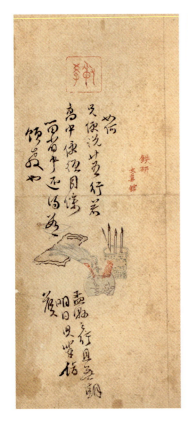

傅 山 傅 眉 致戴廷栻书札册

清

纸本

纵 31.3 厘米，横 16.7 厘米

1960 年北京市征集

傅眉（1628～1683年），字寿髦、竹岭，号麋道人、小蘖禅等，阳曲（今山西太原）人。傅山之子。通经史，擅长书画。

傅山父子与戴廷栻（字枫仲）交往密切，此八封书信中有傅山一封，其余均为傅眉所书，是研究傅氏与戴廷栻交往情况的宝贵实物资料。

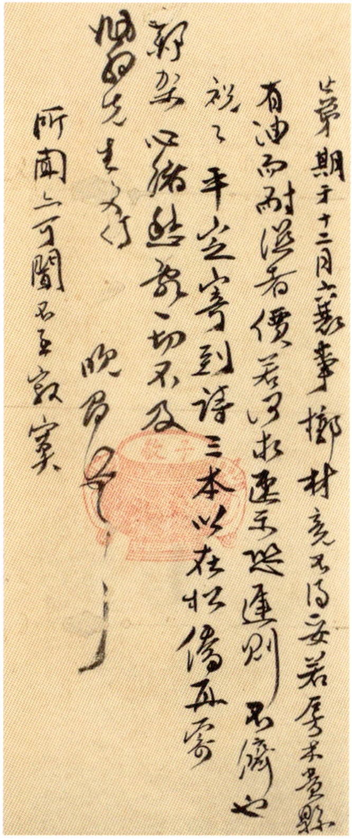

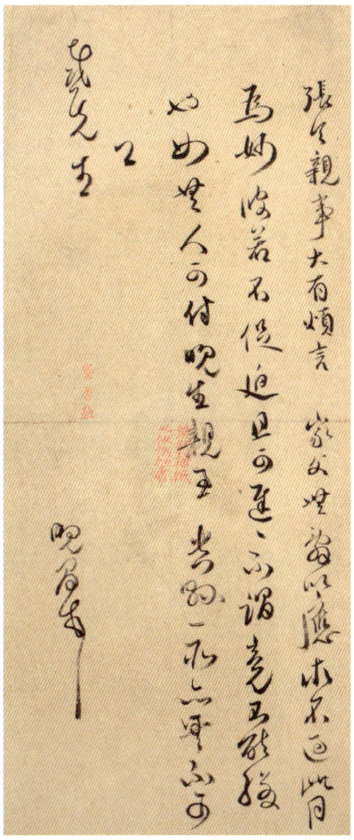

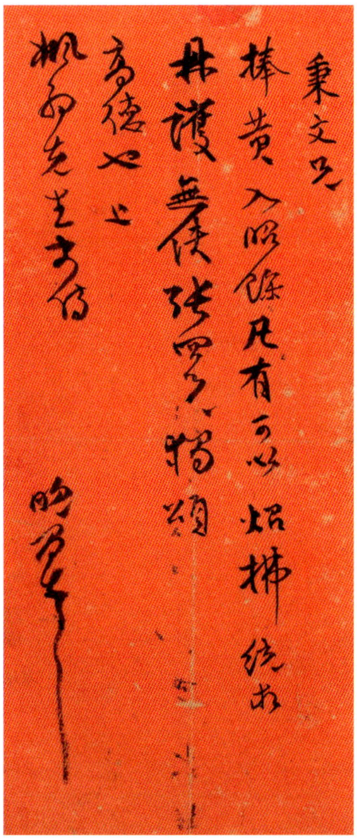

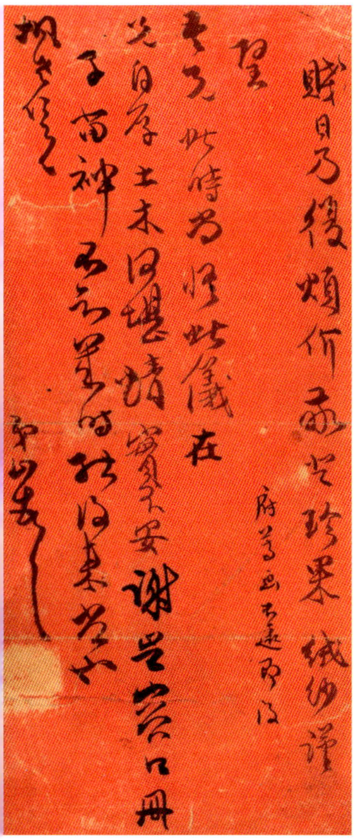

�日乃復煩价 面交珍果 城些詳
望
芝兄以待為归来此儀在
芝日启 土木日課晴 實竟不安 謝老 書口冊
子而神 矛易畏蛄 若归束 竹兄
此兄足下

東文兄
捧黃 入眼餘足有云 垢拂纸书
井護 無侵陆空 稠頌
高徳此之
槭卯兄先生右

此兄先生右

張之親事大有頻言 宗父吒 尝以應未 迎省
馬妨 疲若不侵 迎旦面迎之 不谓克五難缘
此如宾人可付 吃金親王 当的一不 六年山事
此兄先生右

七草期于十二月六葊事 侧林 亥 右日妥若 辱未辜氈
有汕而耐溫者 價差 以招 運五終 運則 吕腐也
初之 半少寄到诸三本以 在好俭五鲁
初之心緒 鱼敬 切求及
此兄先生右
所闻一可闻 吕主敘寰
晚 昚

二一

傅　眉　山水图轴

清

绫本　墨笔

纵 90 厘米，横 48.5 厘米

1962 年故宫博物院调拨

用笔简洁，寥寥数笔绘山峰，树木、人物、房屋点缀其间，生动自然，别具一格。款"壬子夏日为汉兄写意，傅眉"。钤"傅眉印""糜道人"两方白文印。"壬子"为清康熙十一年（1672年）。

傅　眉　绿树苍山图轴

清

纸本　墨笔

纵 140 厘米，横 38 厘米

1964 年罗静宜女士捐献

构图严谨，用笔工细。行书题诗："散步来幽境，悠然兴不禁。苍山开古道，绿树覆重阴。静里别天地，闲中无古今。举头看瀑布，极意想云林。"款"傅眉"，钤白文印"傅眉"。

傅 眉 携琴访友图轴

清
纸本 墨笔
纵 178 厘米，横 47.8 厘米
1954 年北京市征集

"携琴访友"是古代绘画常见题材之一。
此图笔墨精致，意境深幽。画上题七言诗：
"踏青行向春风中，云水岚光望不穷。束卷
携琴邀士友，归来明月出山东。"款"傅眉
画题"，钤"字寿毛""傅眉印"两方印。

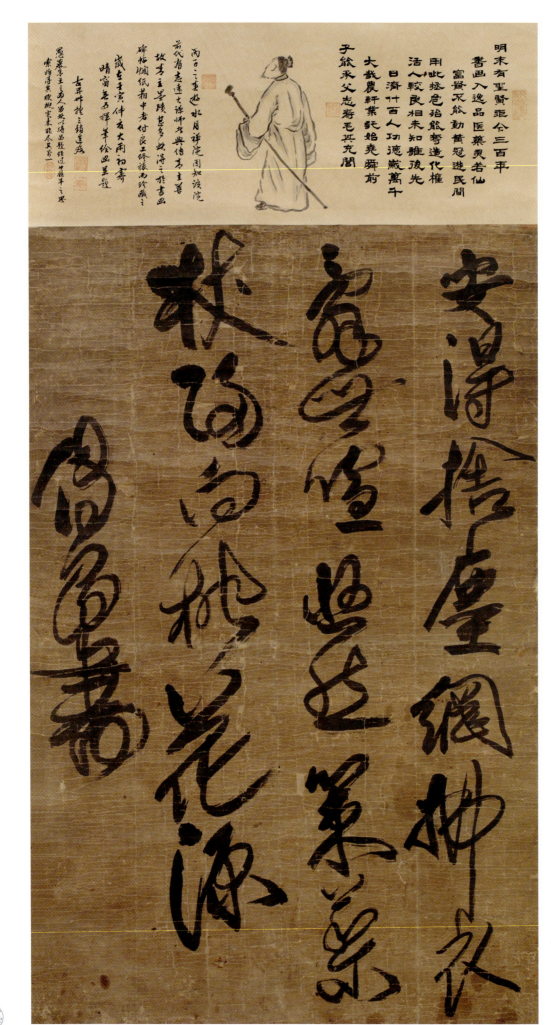

傅　眉　草书王维菩提寺禁口号又示裴迪诗轴

清

纸本

纵 106.5 厘米，横 73.5 厘米

1963 年山西省榆次市征集

"安得舍尘网，拂衣辞世喧。悠然策藜杖，归向桃花源。傅眉书。"笔法健劲，古拙质朴，点画之间，酣畅淋漓。诗堂为赵连及题记。

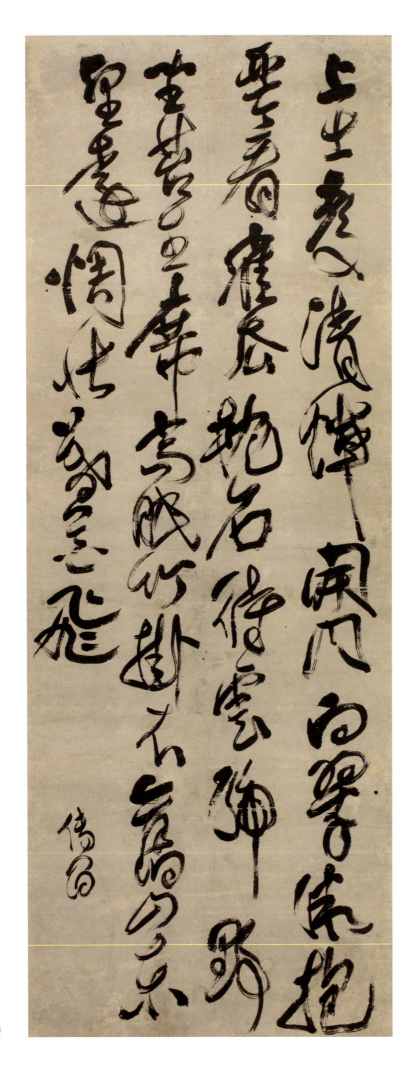

傅　眉

草书李端题崔端公园林诗轴

清

纸本

纵 205.5 厘米，横 78 厘米

1963 年山西省太谷县征集

"上士爱清辉，开门向翠微。抱琴看鹤去，枕石待云归。野坐苔生席，高眠竹挂衣。旧山东望远，惆怅暮花飞。"款"傅眉"。笔法纯熟，骨力内蕴，笔画中的丝丝露白，于迟涩间见飞动。

傅　眉
草书杜甫进艇诗句轴

清
纸本
纵116厘米，横27厘米
1953年山西省文管会移交

"俱飞蛱蝶原相逐，并蒂芙蓉本自
双。"款"眉书"。布局疏朗，体势舒
展，将朴拙自然及圆转飘逸巧妙融为
一体，有其父傅山笔意。

知章骑马似乘船，眼花落井水底眠。汝阳三斗始朝天，道逢麹车口流涎，恨不移封向酒泉。左相日兴费万钱，饮如长鲸吸百川，衔杯乐圣称避贤。宗之潇洒美少年，举觞白眼望青天，皎如玉树临风前。苏晋长斋绣佛前，醉中往往爱逃禅。李白一斗诗百篇，长安市上酒家眠，天子呼来不上船，自称臣是酒中仙。张旭三杯草圣传，脱帽露顶王公前，挥毫落纸如云烟。焦遂五斗方卓然，高谈雄辩惊四筵。

岩裔甦

傅莲甦

行书杜甫饮中八仙歌轴

清
绢本
纵 121 厘米，横 48 厘米
1975 年山西省介休县征集

傅莲甦（生卒年不详），字长房、岩裔，阳曲（今山西太原）人。傅山孙，傅眉子。幼承家学，擅长书法，行草、古隶深得傅山之法，极为精妙。传世墨迹甚少，尺素寸缣皆为珍贵。

书风颇似傅山，笔力劲健与古拙略有不及。布局疏朗有致，书写连绵流畅，挥洒自如，气势贯通。款"岩裔甦"，钤白文方印"傅山印"。

傅莲苼

草书上官昭容游长宁公主流杯池诗轴

清

绢本

纵 148 厘米，横 45 厘米

1953 年山西省文管会移交

结字浑厚圆劲，笔势起伏飞动，气脉流畅，精妙绝伦。"暂游仁智所，萧然松桂情。寄言栖遁（客），勿复访蓬瀛。"款"傅莲苼书"。

傅　仁　行草书册

清
绢本
纵 20.3 厘米，横 11.5 厘米
1953 年山西省文管会移交

傅仁（生卒年不详），字寿元，阳曲（今山西太原）人。傅山侄。书法受
傅山影响，深得其精髓，偶代叔父作行楷书，人莫能辨。

四开。行中兼草，舒畅流丽，气韵贯通。款署"傅仁"，下钤白文方印
"傅仁"、朱文方印"临风"。

西泠之河市林西湖之别名也金山大概
壬泠浩渺色秀而衍南屏天竺五云西
泠一带山脊而深业林吉刹楼观亭榭
遥连迤逦云云数百家地华而整炉烟霭
石壁屋云隐而来伟观玉泉境高而
怪藓天下山川胜云妙妙者而不能尽

壬之美司寇醉李海舟之太史荣兴董伯
谷安郭四明王季璚太史云问彭之孝
廣金闾之百穀太學董雄东坐东茅手
六柜震之光孙君付祐公诗子劇工以傳和
俟随四云姹壮集之府玉茂云及名屋台寄
余尝考论曰天壤间佳者有三上之偹云烯性

西湖游事之最胜吉又多吉僻连险绝日游
览吉东寺历西湖堤事城都而筆蓬寿
而玉尚震旦国中子十洲三岛惜通方湖
之绝妙云尤人顏士之路与崖之陵士大夫
驱驰於愈版所揽而辱古云云云陵士大夫
云间有志者轻一画宿云云云云云印

赵生以合自然次之豪歃清身不叠以遵造
化又次之怡情通趣徽山川风月以樂云
生而鐘嵘竹第不與弄下沾以大宅也足
念犹未趨手太上所绿順心耆思云歃足
廣手等而云峯山李佐奉之遗风之即实毛石
廣六於君子六忽能慶祐 傳仁

而六不胜其传善地黄素大全名隹高藻
滚于蓦玉邪庐枋颐养识者问诬西次此
自蓦端明书楼以後风雅孝吉云歷而戊氵此
用望後新都海仰玉可馬玉白京口不传
玉日四明四方豪傑云於玉集者如云云麻

戴廷栻　云山乐趣图轴

清

绢本　设色

纵 102.5 厘米，横 61 厘米

1963 年山西省太原市征集

戴廷栻（1618~1691年），字枫仲，又字维吉、补岩，号符公，山西祁县人。明清之际著名的诗人、学者和收藏家，一生著述颇丰，现仅有《半可集》传世。

图中云山雾绕，房舍掩映。用笔谨严规整，墨色浓淡相间，风格浑朴厚润。行书题诗："云山苍苍，清水洋洋。静者游居，乐趣弥长。"款"戴廷栻"，钤朱文"丹枫居士"印。

戴廷栻　草书诗句轴

清

绢本

纵 180.5 厘米，横 34.3 厘米

1960 年山西省太原市征集

草书《二十四诗品·形容》诗句："（俱）以大道，妙契同尘。离形得似，庶几斯人。"书法遒劲奇倔，雄浑厚重，古拙而不失流畅，真率之趣跃然纸上。款"昭馀戴廷栻"，下钤两印模糊不清。

毕振姬

行书童珮夜过黄一之斋中诗轴

清

绢本

纵 136.5 厘米，横 63.2 厘米

1960 年征集

毕振姬（1612~1681年），字亮四，号王孙，又号颉云，山西高平人。清顺治三年（1646年）进士，工诗文、书法，与傅山友善。著《西北之文》《山川别志》等。

"征君家陋巷，细素对匡床。门外半城月，邻家几树霜。剑留寒卧壁，竹影瘦过墙。不以贫为累，高歌自慨慷。"款"夜过傅青主庵中，毕振姬"。钤白文方印"毕振姬印"。毕振姬借此诗表达了对傅山隐居生活的景慕之情。毕振姬以文章名世，此为其目前仅见的传世书法作品。

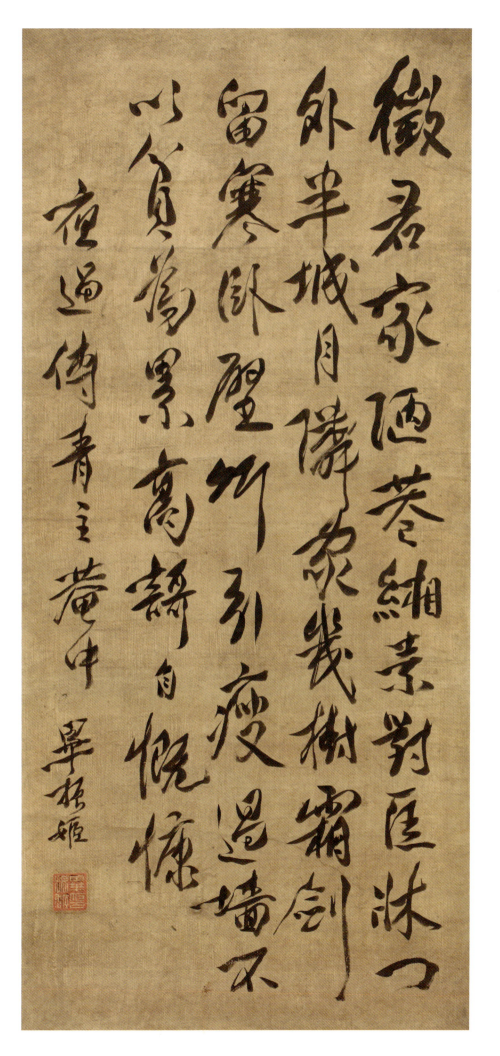

徽君家酒苍紺素封瑶珠以
外半城月傍衣裘霜剑
留簾寒卧壁竹引瘦邐墙不
以負窮黑高辭自恍惚
夜通傅青主嵩年
傅梅姬

梁　檀　山水图轴

清

绢本　墨笔

纵 79 厘米，横 33 厘米

1962 年山西省太原市征集

梁檀（生卒年不详），字大雘，或乐甫，号天外野人、兼石崖居士等，回族，山西太原人。明末诸生。聪慧过人，琴棋书画皆通。书法孤洁秀峻，自标一格。擅长绘画，临摹古人山水、人物、花鸟、虫鱼，无所不工。

此为梁檀画赠傅山，画上行书录傅山七言诗："盘礴横肱醉笔仙，一丘一壑画家禅。蒲团参入王摩诘，石绿丹砂总不妍。"款"青主先生一噱，梁檀"。印文模糊不清。

癸卯秋日

為

楓仲先生作

弟梁檀

梁　檀　山水图轴

清

绢本　设色

纵 31 厘米，横 29 厘米

1962 年故宫博物院调拨

清康熙二年（1663年），梁檀为戴廷栻画山水。款"癸卯秋日，为枫仲先生作。弟梁檀"。

王含光　仿沈周山水图轴

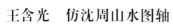

清

绫本　设色

纵 292 厘米，横 55 厘米

1962 年故宫博物院调拨

王含光（1606~1681年），字表朴，一字鹤山，号似鹤，自署鹤道人，猗氏（今山西临猗）人。明崇祯四年（1631年）进士，入清后官吏部郎中、河南按察使等。工诗文，精书画。书法师晋人，绘画专擅山水。

图中山峰高耸，树木苍天，布局疏密有致，设色淡雅。款"丁未菊月，偶用石田法。王含光"。下钤"王含光印"。"丁未"为清康熙六年（1667年）。左下角钤鉴藏印"无菱亭主珍藏""蓉峰刘恕审玩"。

贾汉复　雪景山水图轴

清
绫本　墨笔
纵 148 厘米，横 48 厘米
旧藏

贾汉复（1606~1677年），字胶侯，号静庵，山西曲沃人。曾任工部右侍郎、兵部尚书、陕西巡抚等。在地方志编修中卓有建树，主修《河南通志》《陕西通志》。

画风冷峻清逸，巧妙运用笔墨浓淡变化描绘冬日雪景山水，用笔简括凝练。左上行书款"甲辰冬日写为太翁老亲台，贾汉复"。钤"汾水世家""贾汉复"两方印。"甲辰"为清康熙三年（1664年）。

杜笃祜　行书李白观猎诗轴

清

绫本

纵 156 厘米，横 51 厘米

1962 年山西省太原市征集

杜笃祜（生卒年不详），蒲州（今山西永济）人，主要活动于清顺治、康熙年间。曾任户科给事中、都察院左都御史等。

布局疏朗匀称，墨色浓润厚重。书李白《观猎诗》："太守耀清威，乘闲弄晚晖。江沙横猎骑，山火绕行围。箭逐云鸿落，鹰随玉兔飞。不知白日暮，欢赏夜方归。"款"书为文翁王老年台，杜笃祜"。钤"青宫少保""杜笃祜印""百囗园"三方印。

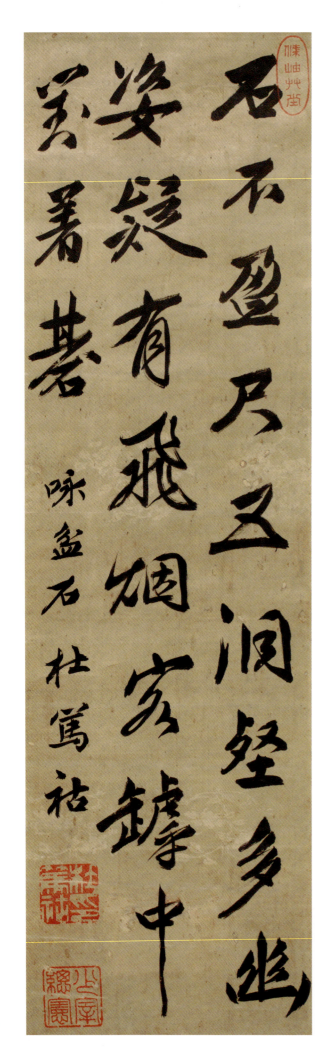

杜笃祜　行书咏盆石诗轴

清

绫本

纵88厘米，横26厘米

1962年山西省太原市征集

字体端庄严谨，貌丰骨劲，一丝不苟，功力深厚。"石不盈尺五，洞壑多幽姿。疑有飞烟客，罅中对着棋。"款"咏盆石，杜笃祜"。钤"杜笃祜印""少宰总宪""条岫草堂"三方印。

于成龙　行书七言诗轴

清

纸本

纵 165 厘米，横 43 厘米

1986 年钱自在先生捐献

于成龙（1617~1684 年），字北溟，号于山，永宁州（今山西方山）人。居官清正，以"天下第一廉吏"誉声朝野。工诗词，书法董其昌。著有《于山奏牍》《于清端公政书》等。

章法疏朗，笔墨灵动，气韵贯通。"芳馥合将兰并茂，横斜宁与李争华。藤床几度劳春梦，飞过孤山处士家。"款"于成龙"，钤"于成龙印""西河""安思堂"三方印。

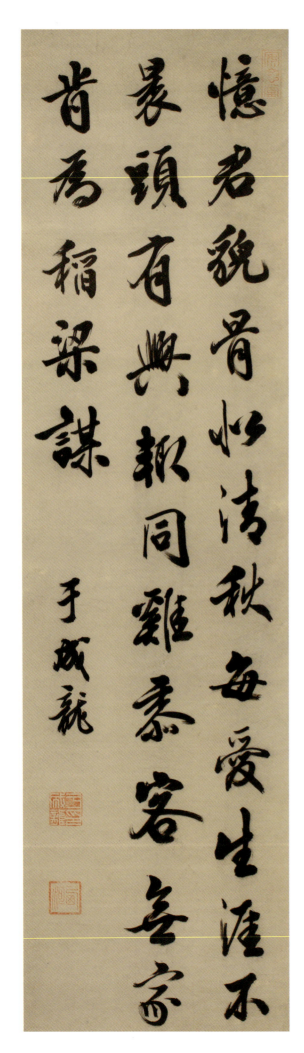

于成龙　行书七言诗轴

清

纸本

纵 169.4 厘米，横 46.2 厘米

1963 年北京市征集

布局疏朗，行笔劲健爽利，有董其昌书法遗风。"忆君貌骨似清秋，每爱生涯不裹头。有兴辄同鸡黍客，无家肯为稻粱谋。"款"于成龙"，钤"于成龙印""西河""安思堂"三方印。

憶君貌昔晉

暴頭有興

昔為稻梁

贾 铉 水仙倚石图轴

清

绢本 设色

纵 92 厘米，横 49 厘米

1962 年故宫博物院调拨

贾铉（生卒年不详），字玉万，号可斋，别号百石翁老人，河东（今山西临汾）人，主要活动于清康熙年间。曾任黄州知府、陕西按察使司副使等职。诗画皆擅，尤长于画山石兰荷。

画风澹逸雅致，峭劲脱俗。自题五言诗，款"余不深翰墨，率尔命意不知其非。此为痴野世兄索笔，久置案头，朝来勉为涂抹，所谓手腕木强者也。河东弟贾铉并识"。钤"贾铉书画章""玉万""河东贾铉游戏翰墨"印。"铉"为避康熙玄烨讳。画上有孙岳颁、查昇题诗，诗书画相映，是一幅难得的佳作。据孙岳颁题知此画作于戊辰年，即清康熙二十七年（1688年）。

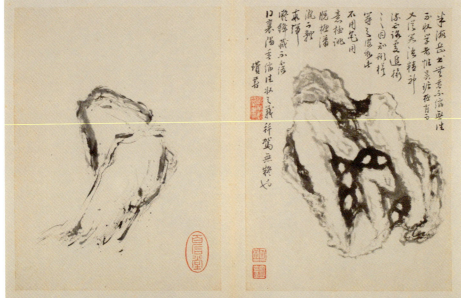

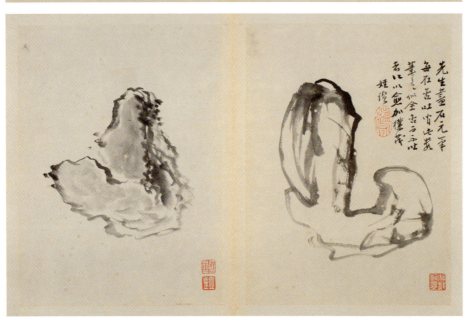

贾　铉　百石图册

清

纸本　墨笔

纵 29.5 厘米，横 22 厘米

1965 年文化部移交

两册。图绘百石，或正或侧，或平或锐，或立或卧，变幻莫穷。无款，钤
"贾鋐私印""可斋""玉万""百石翁"等印。图中有李士璜、施廷瓒
题识。

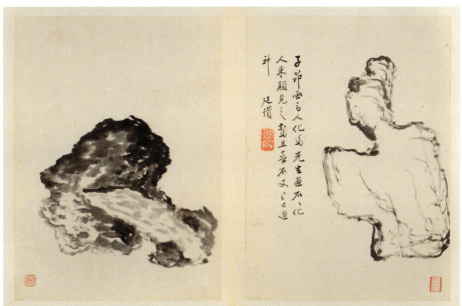

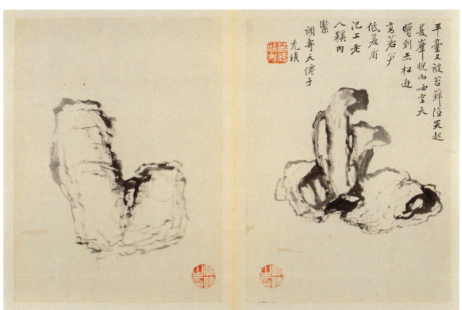

贾　铉　鸡冠花图轴

清

纸本　墨笔

纵 117 厘米，横 62 厘米

1961 年山西省太谷县征集

"S"形的构图衬托花之妖娆，笔墨浓淡表现叶之向背及绽放的花蕊。右上行书款"乙亥秋窗翻牍之余，见槛外鸡冠盛开，种各不一，泼墨此三种以遣兴。河东可斋贾铉并识于齐安之玉照堂"。钤"可斋贾铉""翰墨之章""借作消磨岁月""不自知拙"四方印。

贾　铉　山水图轴

清

纸本　墨笔

纵 77.5 厘米，横 44.5 厘米

1960 年征集

构图简括，瘦笔干墨，虚实相间，神完气足。行书题"瀑水衣裾湿，层岩云气生。安得携秘笈，终日坐茅亭。丙子秋月，可斋贾铉作并题"。钤"只可自怡""游戏翰墨""万竿书屋""百石翁贾铉曝书""长沙太傅之后"五方印。

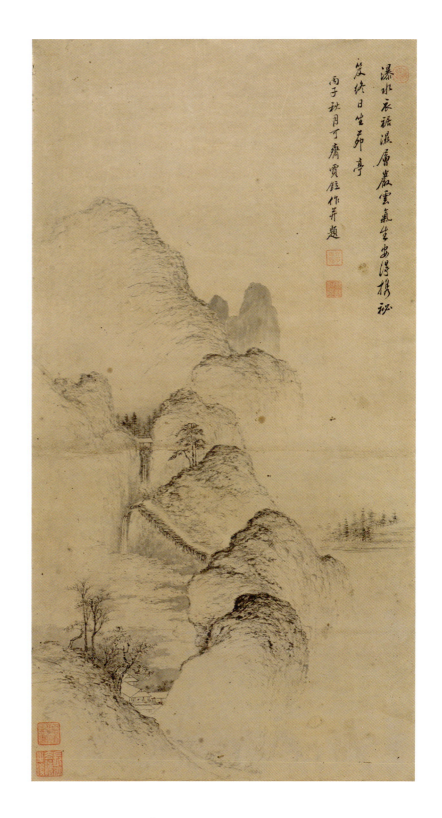

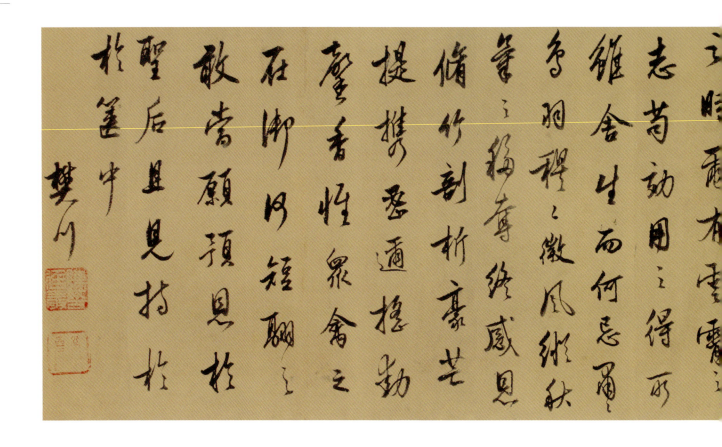

陈廷敬　行书张九龄白羽扇赋横幅

清

纸本

纵 27.5 厘米，横 101 厘米

旧藏

陈廷敬（1639~1712年），字子端、樊川，号说岩，晚号午亭，泽州（今山西阳城）人。清顺治十五年（1658年）进士，历任吏部尚书、文渊阁大学士等职。诗文清雅醇厚，著有《午亭文编》。书法极精，师承二王，功力深厚。

笔法精妙，潇洒流畅，点画灵动秀逸，姿态横生。款"樊川"，钤"陈廷敬印""说岩"两方印。

注：此幅旧裱顺序有误。

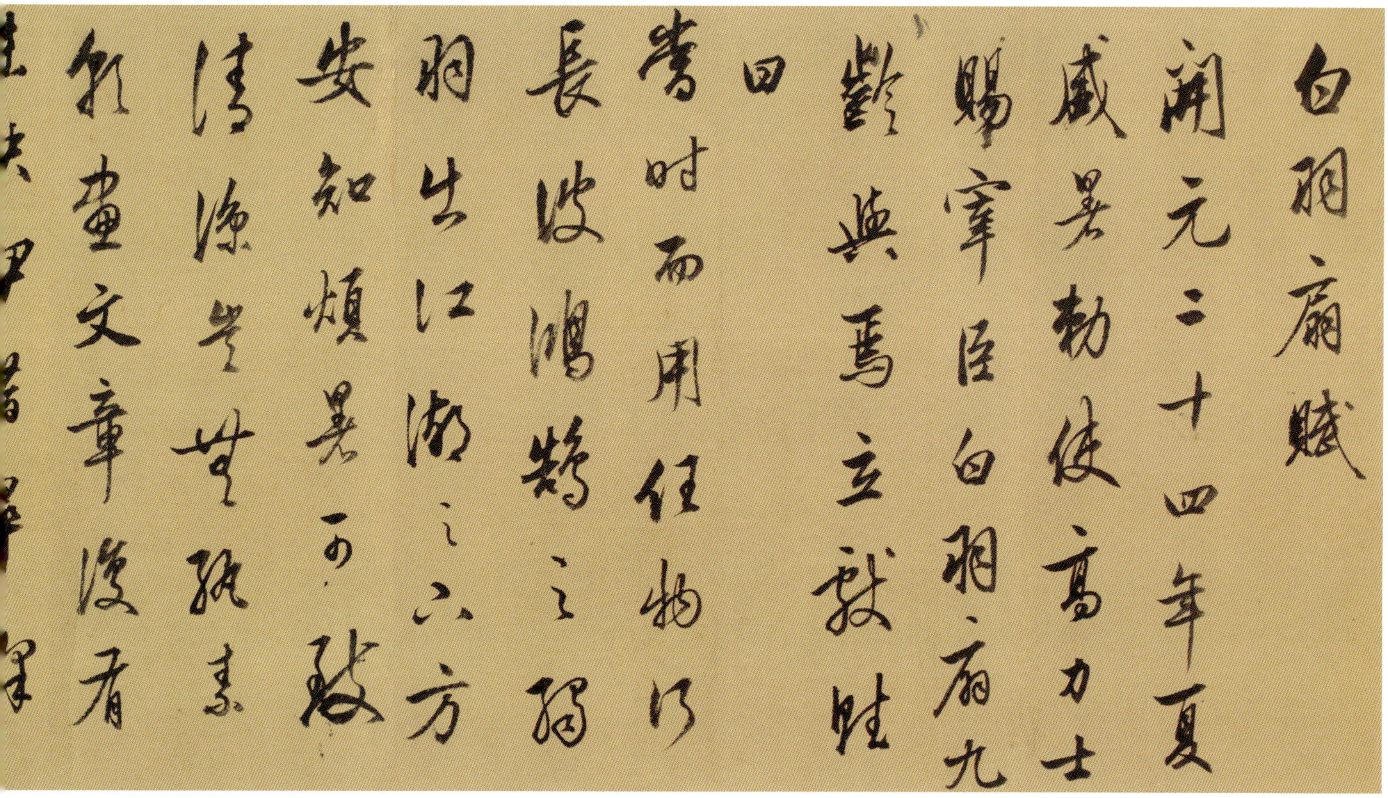

白羽扇賦

開元二十四年夏

歲暑勅使高力士

賜寧臣白羽扇九

歔與焉立戟壯

回

嘗時而用任物巧

長波鴻鵠之招

羽出江湘之六方

安知煩暑可

清源芒世既素

凡盡文章沒有

十頗之定前
牍匆謂地偏之
船有書有酒有歌
好至求馬如鳥相隨
怖石些學薑白蓮時節
恆絡老其間

十亩之宅五亩之园有水一池有竹千竿勿谓土狭勿谓地偏足以容膝足以息肩有堂有庭有桥有船有书有酒有歌有弦有叟在中白须飘然识分知足外无求焉如鸟择木姑务巢安如龟居坎不知海宽灵鹤怪石紫菱白莲时饮一杯或吟一篇妻孥熙熙鸡犬闲闲优哉游哉吾将终老乎其间

素心吾弟
兄廷敬书

陈廷敬　行书白居易池上篇诗轴

清
绫本
纵 187 厘米，横 48.5 厘米
1962 年故宫博物院调拨

此为陈廷敬书赠四弟陈廷愫（字素心）之作，结构严谨，劲健整肃，潇洒隽秀。款"素心吾弟，兄廷敬书"。钤"御笔曲江烟柳亭""陈廷敬印"两方印。曾经徐宗浩收藏，钤"石雪鉴藏""岁寒堂书画印"两方鉴藏印。

兰亭序临本（书法）

至及其所之既惓情隨
快然自足不知老之將
欣於所遇暫得於己
萬殊靜躁不同當其
放浪形骸之外雖趣舍
一室之內或因寄所託
一世或取諸懷抱悟言
樂也夫人之相與俯仰
足以極視聽之娛信可
類之盛兩以遊目騁懷
仰觀宇宙之大俯察品
天朝氣清惠風和暢
亦足以暢敘幽情是日也
竹管弦之盛一觞一

後之攬者亦將有感
於斯文
乙卯二月朔七日臨
廷敬

陈廷敬　行书临兰亭序手卷

清
绫本
纵 19.2 厘米，横 193 厘米
1961 年北京市征集

法度严谨，工整秀雅，风神隽永，深得二王妍美之韵。款"乙卯二月
朔七日临，廷敬"。钤朱文方印"陈廷敬印"，另一方印模糊不清。"乙
卯"为清康熙十四年（1675 年）。

永和九年歲在癸丑暮
春之初會于會稽山陰
之蘭亭脩禊事也羣
賢畢至少長咸集此
地有崇山峻嶺茂林
脩竹又有清流激湍暎
帶左右引以為流觴

快然自足不知老之將
至及其所之既惓情隨
事遷感慨係之矣向
之所欣俛仰之間以為
陳迹猶不能不以之興
懷況脩短隨化終期
於盡古人云死生亦大
矣豈不痛哉每攬昔
人興感之由若合一契
未嘗不臨文嗟悼不
能喻之於懷固知一死
生為虛誕齊彭殤為
妄作後之視今亦由今
之視昔悲夫故列叙時

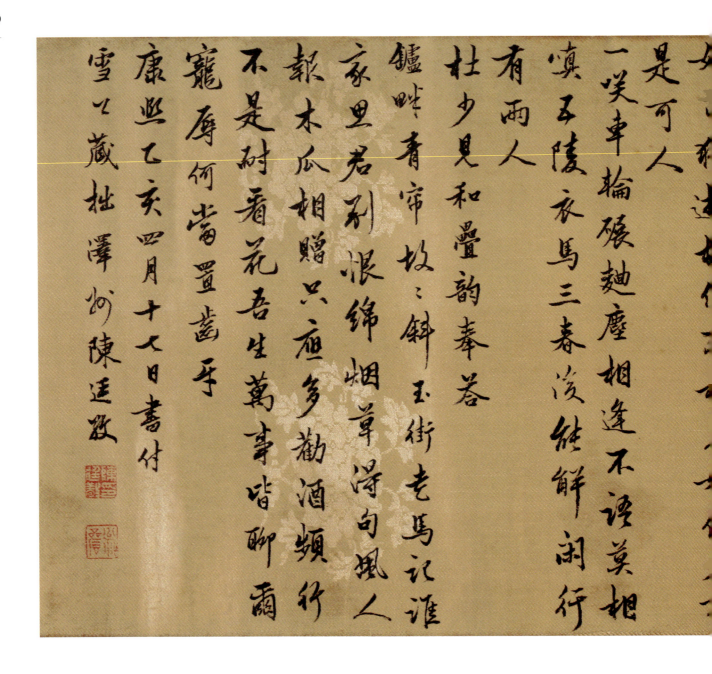

陈廷敬　行书诗文卷

清

绫本

纵 25.5 厘米，横 72 厘米

旧藏

清康熙三十四年（1695年）四月，陈廷敬为酬谢崇效寺雪坞大师，与其唱和，作诗六首，并书以记之。用笔沉稳含蓄，结构淳厚谨严。钤"陈廷敬印""说岩"两方印。

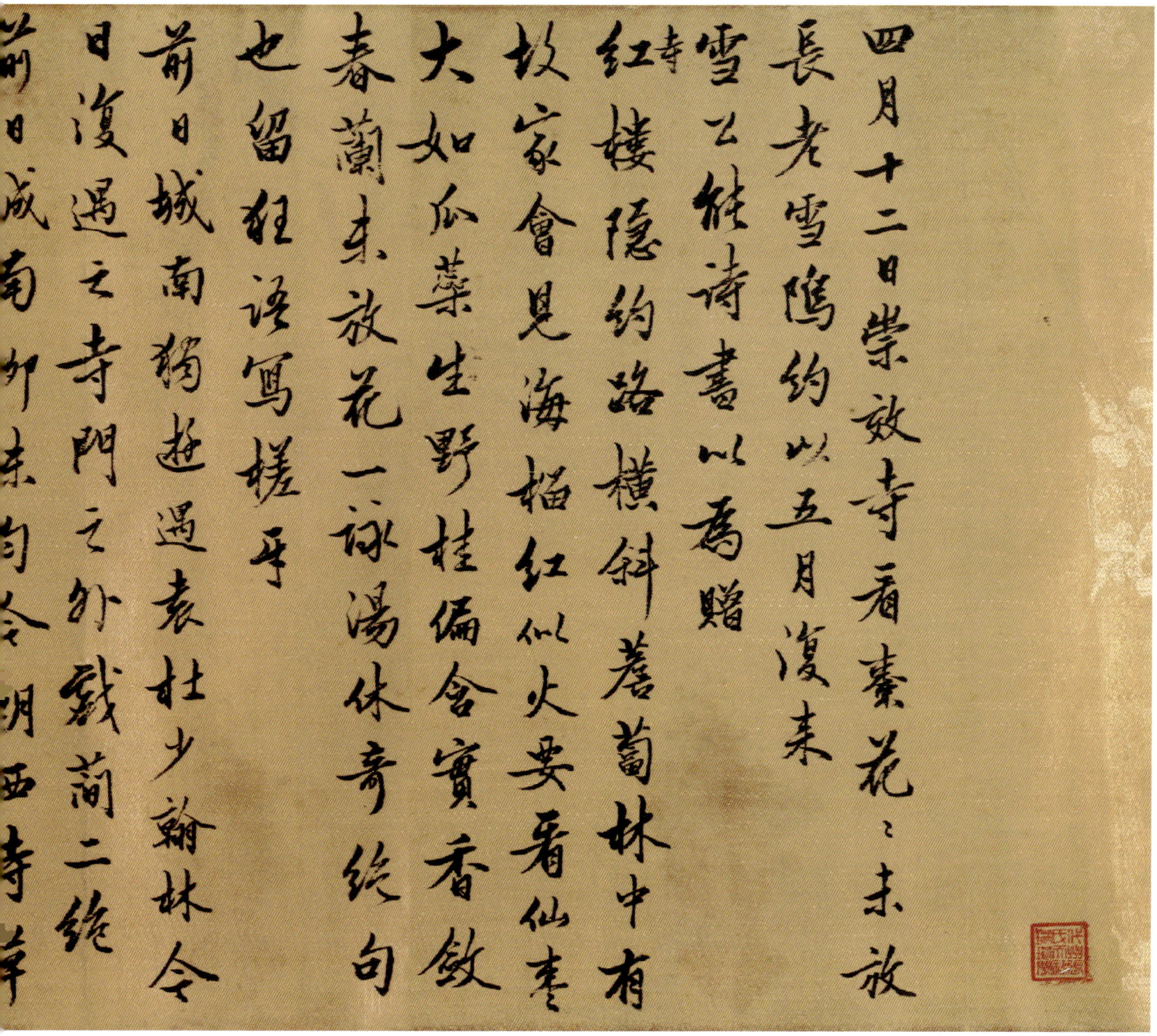

四月十二日崇敦寺看素花二未放

長老雪鷗約以五月復来

雪公能詩書以為贈

紅樓隱約路横斜蒼蔔林中有

故家會見海榴紅似火要看仙棗

大如瓜棗生野桂偏舎實香斂

春蘭末放花一詠湯休奇絶句

也留狂語寫槎枒

前日城南狗遊過袁杜少翰林令

日復過之寺門之外戲蘭二絶

蘭日成南州東句今明西寺幸

饮香摘藻擅西京 南国旬传茹藥声 霜简新迴乌府重 玉壶猶暎漢江清 节旄裴相归朝早 治行吴公进秩荣 臺柏高秋森獨坐 還于淡菊见交情 里言书奉 铜翁老先生教正 弟陳廷敬具艸

陈廷敬　行书赠铜川都宪诗轴

清
绫本
纵 208.5 厘米，横 50 厘米
1962 年甘肃省兰州市征集

书法布局疏朗，笔墨劲健。"饮香摘藻擅西京，南国旬传茹藦声。霜简新回乌府重，玉壶犹映汉江清。节旄裴相归朝早，治行吴公进秩荣。台柏高秋森独坐，还于淡菊见交情。" 款 "里言书奉铜翁老先生教正，弟陈廷敬具草"。钤 "陈廷敬印" "说岩" 两方白文印。

吴 雯

行书峪口五言诗轴

清
纸本
纵 115 厘米，横 61.5 厘米
1962 年故宫博物院调拨

吴雯（1644~1704年），字天章，号莲洋，蒲州（今山西永济）人。清康熙诸生，以诗文著称，著有《莲洋集》。工书法，骨力独具。

"木叶飒清秋，山泉抱石楼。衔芝双白鹿，拍浪一沙鸥。露坠瓜花弱，云生松磴幽。沿回寻岭路，应见大龙湫。" 款 "玉溪吴雯"，钤 "吴雯之印" "字天章" 两方印。

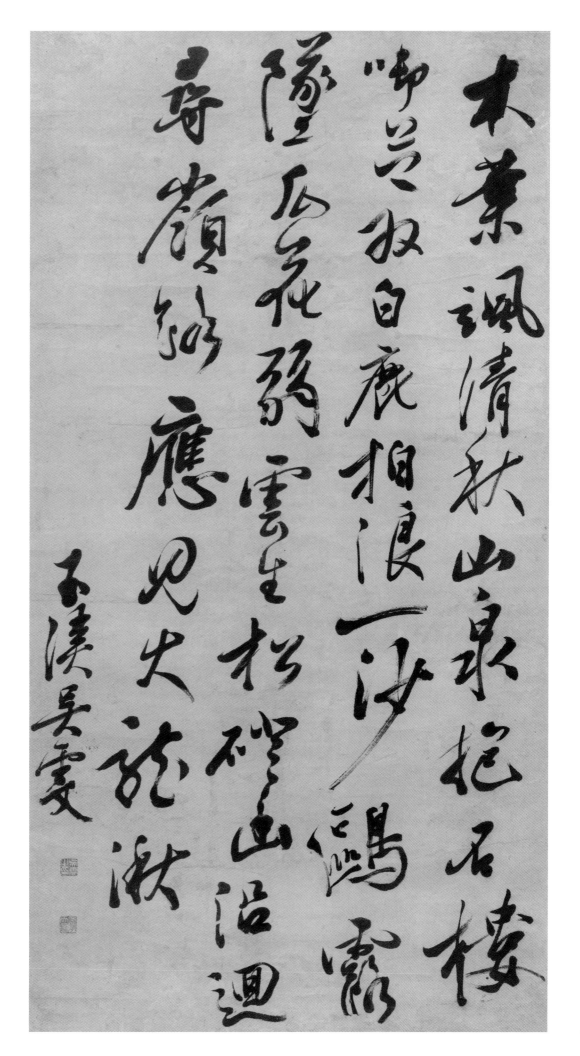

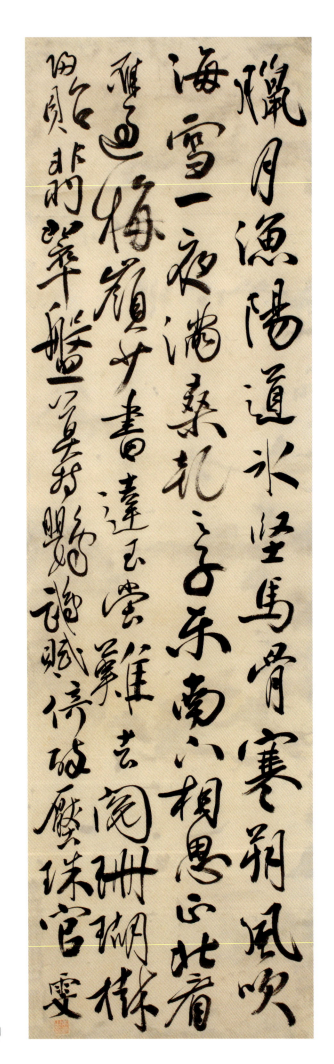

吴　雯　行书送徐道冲之粤东诗轴

清

纸本

纵 140 厘米，横 41 厘米

1961 年北京市征集

"腊月渔阳道，冰坚马骨寒。朔风吹海雪，一夜满桑乾。之子东南下，相思正北看。雁过梅岭少，书达玉堂难。去阅珊瑚树，归贻翡翠盘。莫持鹦鹉赋，倚醉压珠官。"款署"雯"，钤印"吴雯之印"。

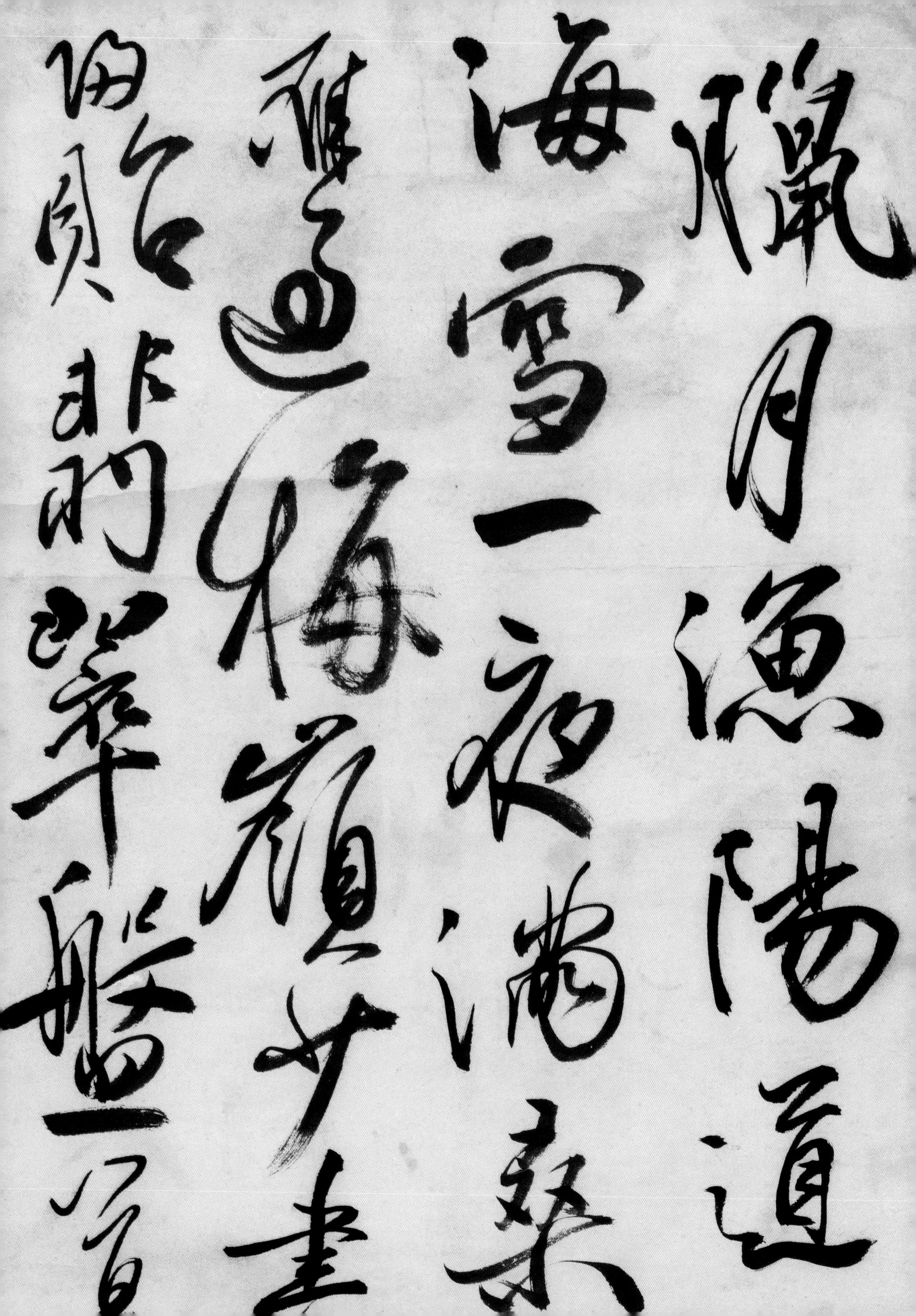

鼠月渔阳道
海雪一夜满潮来
雍道梅烟颜女重
田员非的翠盘望

為仁義之心廉恥之志骨
著脈通與體俱生而
無麀鹿穢之氣無邪淫
之欲雖放之大荒之外措

古軍既去官與東土人士盡山
水之游又與高人許邁共修
服食採藥石邁少悟靜不
慕仕進徧游名山采藥於
桐廬之恒山餌米斷穀也

子敬好寫洛神賦入間合有數本此
其一焉 曆元年正月廿四日起居郎柳
公權記
細閱此本原不用筆嚴密縱縱似柳公奉書
未忘大令原不也題欵又似流傳舊本之
一柳公何如入筐欵後入我抑柳公之結業
得於此者為多耶 庚秩雨中臨吳雯

羊歲雖少可師長兮行
比伯夷置以為像兮
右橘頌宗種橘三株
愛惜之將為軒即以橘
頌名焉
庚辰小春
蓮洋學人吳雯

過失兮秉德無私參天地
兮願歲幷謝與長友兮
淑離不淫梗其有理兮

橫而不流兮開心自慎終不

紛縕宜修姱而不醜兮嗟
爾幼志有以異兮獨立不
遷豈不可喜兮深固難
徙廓其無求兮蘇世獨立

爛兮精色內白類任道兮

吴雯 行楷书册

清
纸本
纵 23.5 厘米，横 13.3 厘米
1963 年北京市征集

六开。临《王大令洛神十三行》《潜夫论》《橘颂》，书于清康熙三十九年
（1700年）。钤"莲洋""吴雯之印""天章""吴雯"四方印。

晋王献之洛神十三行

嬉左倚采旄右荫桂旗攘皓腕於
神浒兮采湍濑之玄芝余情悦其淑
美兮心振荡而不怡无良媒以接欢
兮托微波以通辞愿诚素之先达兮
玉佩以要之嗟佳人之信修羌习礼而明

诗抗琼珶以和予兮指潜渊而为期执
棐实于懼斯灵之我欺感交甫
弃言怅犹豫而狐疑收和颜以静志
兮申礼防以自持於是洛灵感焉徙倚
仿偟神光离合乍阴乍阳竦轻躯以
鹤立若将飞而未翔践椒涂之郁烈

寸步蘅薄而流芳超长吟以慕远兮声
哀厉而弥长尔乃众灵杂沓命俦
啸侣或戏清流或翔神渚或采明珠或
拾翠羽从南湘二姚兮携汉滨之游女
叹匏瓜之无匹兮咏牵牛之独处扬
轻袿之猗靡兮翳修袖以延伫体迅

之幽冥之内终无违礼
之行投之危亡之地纳之
锋锷之间终无苟全
之心 伟哉语也亚书之所曰

砥砺为吴奭
王符自节信在安和之世耿
介不同於俗着潜夫论宗贞
蔚宗唐韩述之皆难之
庚庚辰小春录记散鹜

右皇嘉树橘来服兮受命
不迁生南国兮深固难徙
更壹志兮绿叶素荣纷
其可喜兮鲁枝剡棘圆
果抟兮青黄杂糅文章

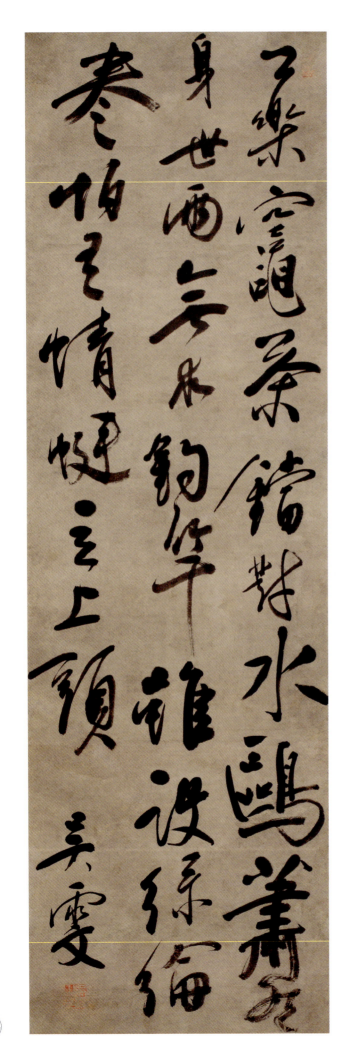

吴　雯　行书七言诗轴

清

纸本

纵 134 厘米，横 42.5 厘米

1962 年北京市征集

体势展拓，劲健挺拔。"药灶茶铛对水鸥，萧然身世两无求。钓竿虽设绿纶卷，怕有蜻蜓立上头。"款"吴雯"，钤白文方印"吴雯之印"。

吴　雯　行书留别卫凡夫诗轴

清

纸本

纵 129 厘米，横 60.3 厘米

旧藏

"海风吹不休，残门雪海道。行人正东下，坐听荒鸡早。之子留上都，亦无好怀抱。坚忍人事间，孤情独浩浩。梅花（一）千树，终夜梦颠倒。何日对西峰，春烟乱瑶草。"款"雯"，钤白文方印"吴雯之印"，另一方印模糊不清。

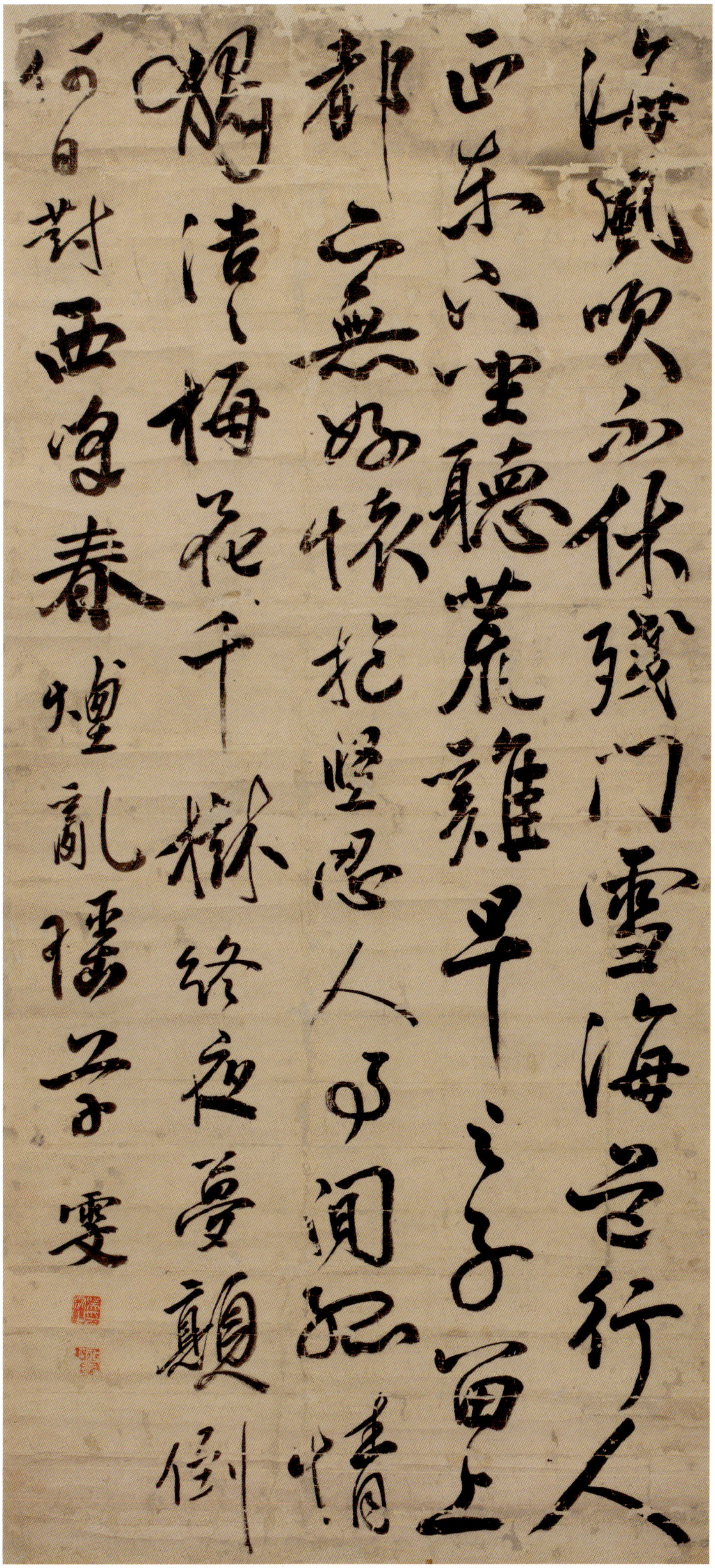

海风吹不休残门雪海云行人
正采六里听荒难早三子上
都亡无好怀抱坚忍人子洞知情
观清梅花千林终夜蔓题倒
行日封西峰春烟乱杨子云

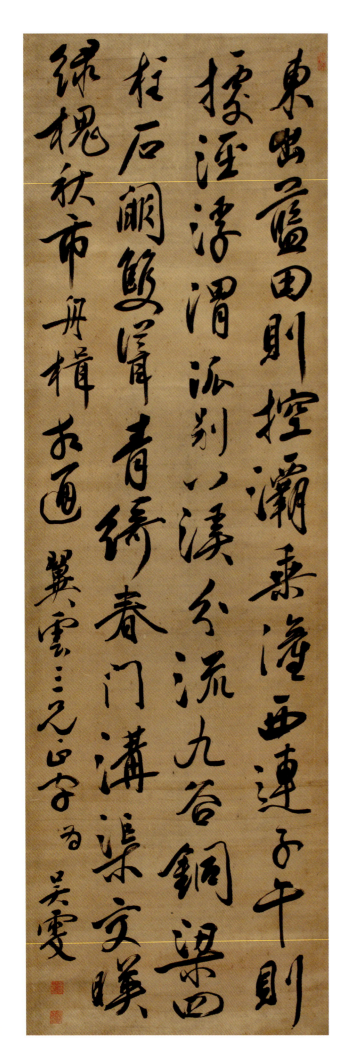

吴雯

行书终南山义谷铭并序句轴

清

绫本

纵154厘米，横48.5厘米

1962年故宫博物院调拨

用笔浑厚爽劲，纵放自如。"东出蓝田，则控灞乘浐；西连子午，则据泾浮渭。派别八溪，分流九谷，铜梁四柱，石阙双耸。青绮春门，沟渠交映；绿槐秋市，舟楫相通。"款"为翼云三兄正字，吴雯"。钤"吴雯之印""字天章""莲洋"三方印。

刘 璋 山水图轴

清

绢本 墨笔

纵 192 厘米，横 64.5 厘米

1963 年山西省太原市征集

刘璋（1667~？年），字玉堂，一字于堂，号介符，别号烟霞散人、樵云山人等，山西阳曲人。清康熙三十五年（1696年）中举。清代著名的小说家，书法、绘画、棋艺及琴韵亦有很高造诣。书画传世作品稀少。

笔墨疏简，皴法运用少，以墨之浓淡、干湿晕染山石，古拙雅致，风格独具。行书款"鼓城会太原刘璋写"，钤"刘璋之印""于堂"两方印。

刘 璋 山水图轴

清

绢本 设色

纵 141 厘米，横 51 厘米

1964 年山西省太原市征集

图中山峦叠嶂，树木葱郁，院
落隐于山谷之中，人物刻画细
腻。构图繁复，笔墨精细，设
色清雅。款"太原刘璋"，钤
"樵云山人"。另钤"昭余何
氏""对蒙楼藏""承青阁"等
藏印。

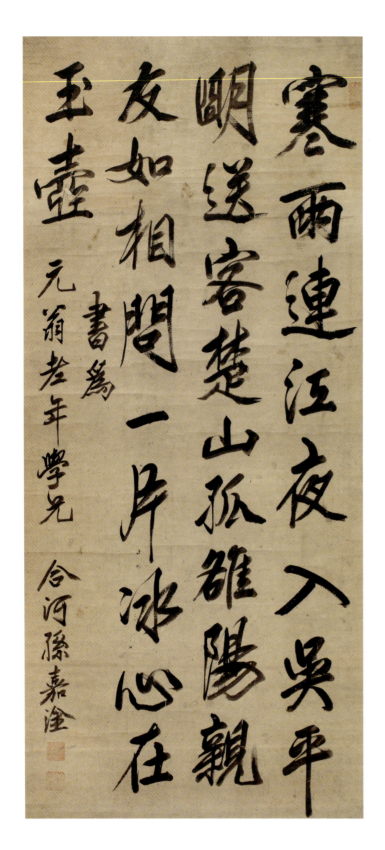

孙嘉淦

行书王昌龄芙蓉楼送辛渐诗轴

清

纸本

纵 175 厘米，横 77.5 厘米

旧藏

孙嘉淦（1683~1753年），字锡公，又字懿斋，号静轩，山西兴县人。清康熙五十二年（1713年）进士，历康熙、雍正、乾隆三朝，政声显赫。博学多才，擅长书法，书如其人，风骨凛然。

书法劲健，颇有颜鲁公之风。"寒雨连江夜入吴，平明送客楚山孤。洛阳亲友如相问，一片冰心在玉壶。"款"书为元翁老年学兄，合河孙嘉淦"。钤"太子少保""孙嘉淦字锡公之章""和本天地之精"三方印。

孙嘉淦

草书元好问换得云台帖喜而赋诗轴

清

纸本

纵 94.5 厘米，横 54 厘米

旧藏

笔法精严而不拘束，圆润遒劲，收放自如。"周官武臣奉朝请，剑佩束缚非天真。世间曾有华佗帖，神物已化延平津。米狂雄笔照万古，北宗草书才九人。今日云台见遗墨，黄金牢锁玉麒麟。"款"懿斋孙嘉淦"，钤朱文方印"孙嘉淦印"。

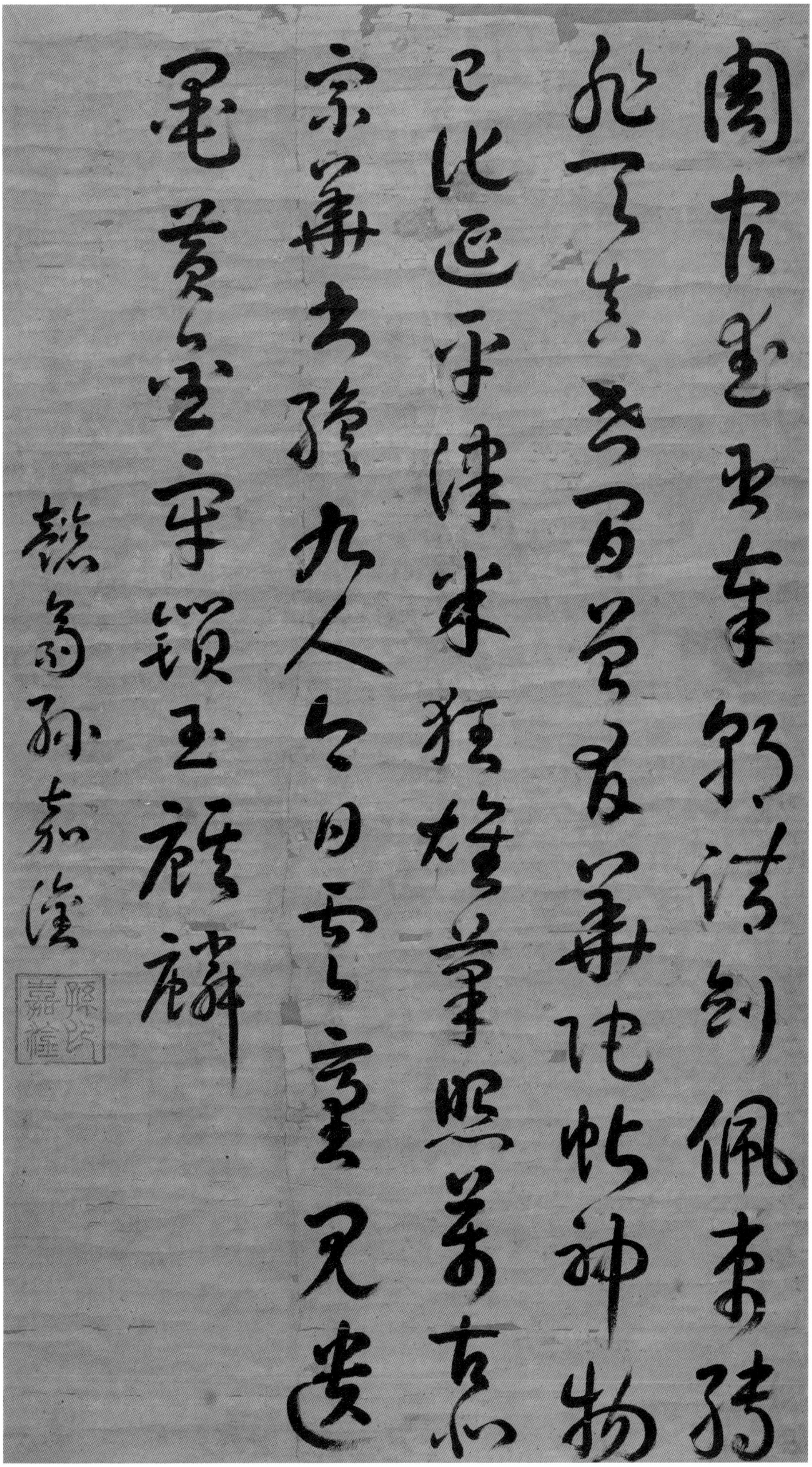

南方金玉車郭诗剑佩束猪

地下去笔百岁笔把帖神物

已此迎乎津米狂锋笔照昔志

宗笔去预九人今日云亭玉见贵

毛黄公字锁玉颈锦

热鸟孙嘉淦

天長地久天地所以能長且久者以其不自生

緜若存用之不勤

谷神不死是謂玄牝玄牝之門是謂天地根緜

出多言數窮不如守中

芻狗天地之間其猶橐籥乎虛而不屈動而愈

天地不仁以萬物為芻狗聖人不仁以百姓為

民之飢以其上食稅之多是以飢民之難治以

不傷其手矣

司殺者殺是謂代大匠斲夫代大匠斲者希有

奇者吾得執而殺之孰敢常有司殺者殺夫代

民不畏死奈何以死懼之若使民常畏死而為

善謀天綱恢恢疎而不失

弱處上

之徒是以兵強則不勝木強則共強大處下柔

柔脆其死也枯槁故堅強者死之徒柔弱者生

人之生也柔弱其死也堅強萬物草木之生也

厚是以輕死夫唯無以生為者是賢於貴生

其上之有為是以難治民之輕死以其求生之

之二十四

孙嘉淦　楷书太上玄元道德经册

清
绫本
纵 29.5 厘米，横 14.5 厘米
1963 年山西省太原市征集

二十五开。法度严谨，行笔沉着，含蓄内敛，有晋唐遗风。款"孙嘉淦"，钤"怀瑾握瑜""孙嘉淦印""康熙癸巳翰林"三方印。

太上玄元道德經

上篇

道可道非常道名可名非常名無名天地之始
有名萬物之母故常無欲以觀其妙常有欲以
觀其徼此兩者同出而異名同謂之玄玄之又
玄衆妙之門

天下皆知美之為美斯惡已皆知善之為善斯
不善矣故有無相生難易相成長短相形高下
相傾音聲相和前後相隨是以聖人處無為之
事行不言之教萬物作焉而不辭生而不有為
而不恃功成而不居夫惟不居是以不去
不尚賢使民不爭不貴難得之貨使民不為盜
不見可欲使民心不亂是以聖人之治虛其心
實其腹弱其志強其骨使民無知無欲使夫知
者不敢為也為無為則無不治
道沖而用之或不盈淵乎似萬物之宗挫其銳
解其紛和其光同其塵湛兮似若存吾不知誰
之子象帝之先

之二

之一

天之道其猶張弓乎高者抑之下者舉之有餘
者損之不足者補之天之道損有餘而補不足
人之道則不然損不足以奉有餘孰能有餘以
奉天下唯有道者是以聖人為而不恃功成而
不處其不欲見賢
天下柔弱莫過於水而攻堅強者莫之能勝其

無以易之弱之勝強柔之勝剛天下莫不知莫
能行故聖人云受國之垢是謂社稷主受國之
不祥是謂天下王正言若反
和大怨必有餘怨安可以為善是以聖人執左
契而不責於人有德司契無德司徹天道無親
常與善人

孫嘉淦

之二十五

岳 嶂 东坡试砚图轴

清

绫本　墨笔

纵 136.5 厘米，横 48.5 厘米

1963 年山西省太原市征集

岳嶂（生卒年不详），字鹤亭，安邑（今山西运城）人。擅画人物，工花卉、翎毛。

图以"苏东坡试砚"故事为题，笔法流畅，生动细腻。右下角款"安邑岳嶂"，钤白文印"岳嶂"。画心上方赵鹤题"庚子夏五月作东坡试砚图于桐阴深处，白山赵鹤"。印文模糊不清。

岳嶂　人物图横幅

清

绢本　墨笔

纵 35.5 厘米，横 67 厘米

旧藏

图绘五位老者饮酒行乐，轻松自然，各享其乐。水墨写意，用笔简括，以粗笔湿墨勾勒衣纹，形态各异，生动传神。款"安邑岳嶂写"，钤白文印"岳嶂"。

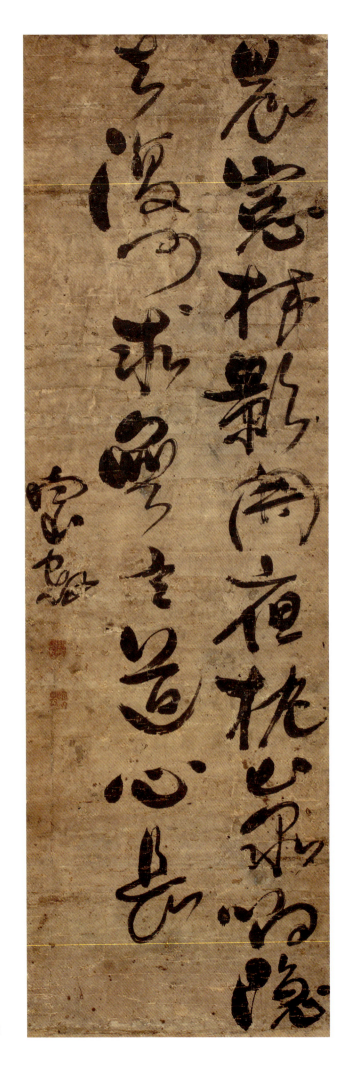

赵 鹤 草书朱熹隐求斋诗轴

清

纸本

纵 138.5 厘米，横 43.5 厘米

1985 年山西省太原市征集

赵鹤（1666~？年），字鸣皋，号白山，山西榆次人，主要活动在清雍正、乾隆时期。嗜金石文字，工书画，尤擅长草书。

气韵流动，豪放不羁。"晨窗林影开，夜枕山泉响。隐去复何求，无言道心长。"款"白山鹤"，钤"赵鹤之印""鸣皋"两方印。

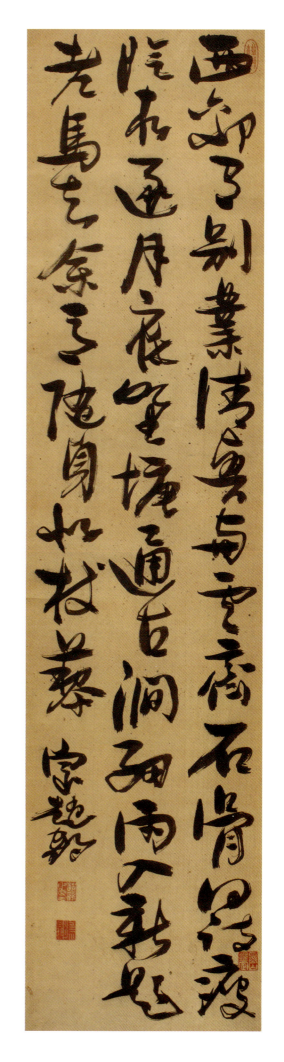

赵　鹤　草书五言诗轴

清
绢本
纵154厘米，横38厘米
旧藏

笔法硬峭纵放，字体古拙生动。"西郊有别业，清兴与云齐。石骨得诗瘦，阴相逐月夜。野塘通古涧，细雨入新题。老马知余意，随身似杖藜。"款"白山赵鹤"，钤"赵鹤之印""鸣皋"两方印。另钤"芏砚堂""霁山鉴定"两方鉴藏印。

赵　鹤　兰花图册

清
纸本　墨笔
纵 26.3 厘米，横 15.7 厘米
1980 年山西省太原市征集

十二开。以草书笔意写兰叶，行笔迅疾，劲健有神。无款，每开
钤"赵鹤""鸣皋"两方印。

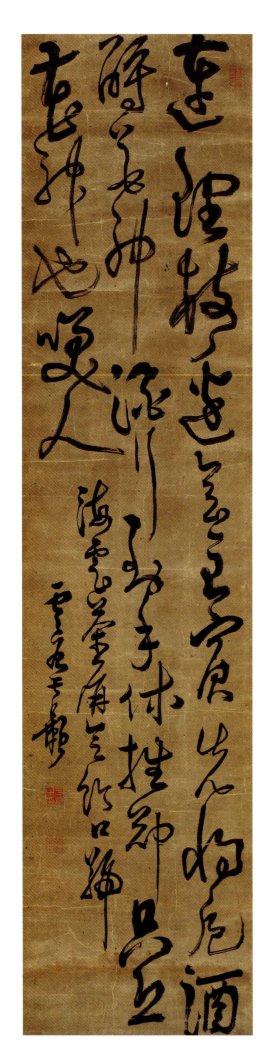

于　灏　草书七言诗轴

清
绫本
纵 150 厘米，横 37 厘米
1962 年征集

于灏（生卒年不详），字云谷，永宁州（今山西方山）人。贡生，曾任职刑部，为官清廉。工诗文，擅长书法，精于行草，洒脱不羁，颇有时名。

笔法精妙，牵丝映带，气势雄浑。"连理枝边意主宾，先将厄酒酹花神。酒行到手休推却，只恐花神也笑人。"款"海云茶屏令饮口号，云谷于灏"。钤"于灏之印""秋官大夫""国恩多湛露家学只清风"三方印。

于 灏 草书五言诗轴

清

绫本

纵 158 厘米，横 45.7 厘米

1963 年北京市征集

严密整饬，内含筋骨。"骐骥凌长道，倏忽莫占先。雕鹗振六翮，横厉在秋天。顾维我梁子，头角早岢然。丰神耸秀发，腹笥日翩翩。渭阳情偏离，姻亲两世联。余虽属尊行，相契各齐年。少小共文翰，年来道义宣。尊君昔为政，畿南至今传。子今继其武，英名蟊两川。化著锦城外，道振文星前。行将膺帝眷，黑头履九迁。君遂功名业，我言别留连。"款"于灏拜赠"，钤"于灏之印""秋官大夫""国恩多湛露家学只清风"三方印。

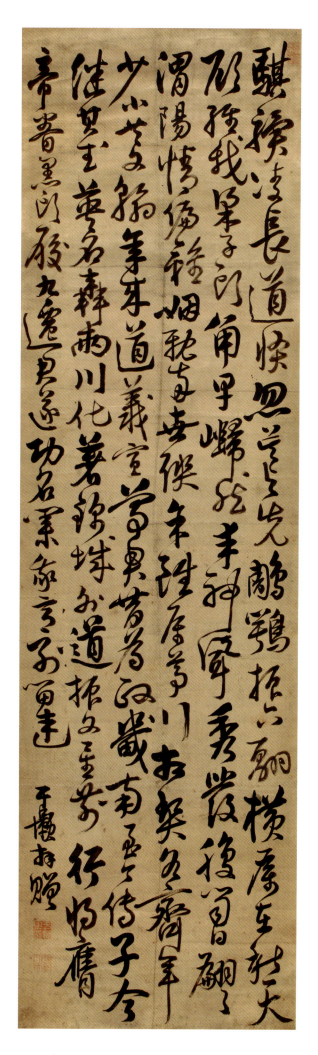

圉宴陸國
育肺搏
揮璘
換
島東

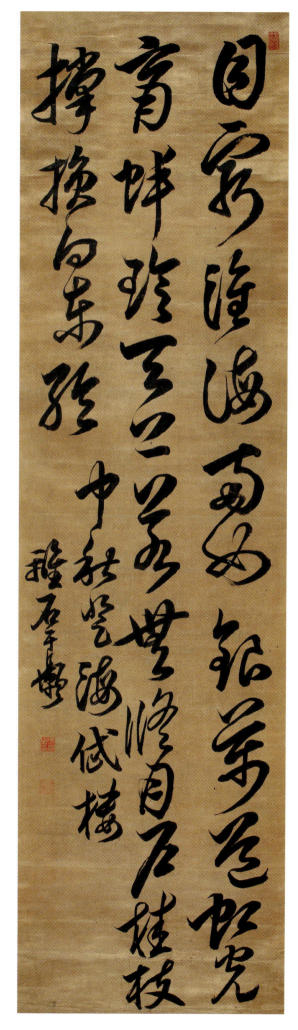

于 灏 草书临米芾中秋诗帖轴

清
绫本
纵 185 厘米，横 51.5 厘米
1962 年北京市征集

临米芾《中秋登海岱楼》，颇得米书神韵。"目穷淮海两如银，万道虹光育蚌珍。天上若无修月户，桂枝撑损向东轮。"款"离石于灏"，钤"于灏之印""秋官大夫""国恩多湛露家学只清风"三方印。

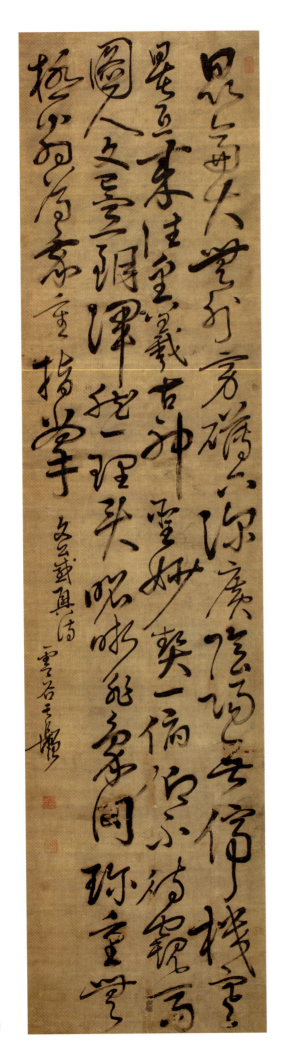

于 灏　草书朱熹感兴之一诗轴

清

绢本

纵 208.5 厘米，横 52.3 厘米

1960 年北京市征集

笔势连绵，奇正迭出，肆意变化。"昆仑大无外，旁礴下深广。阴阳无停机，寒暑互来往。皇羲古神圣，妙契一俯仰。不待窥马图，人文已宣朗。浑然一理头，昭晰非象罔。珍重无极翁，为我重指掌。"款"文公感兴诗，云谷于灏"。钤"于灏之印""秋官大夫""国恩多湛露家学只清风"三方印。

答馮子華處士

王績 字無功文中子通弟也

平別甫爾巳十餘年 誦采葛之詩增其慨詠夫人生一世忽同過隙

合散消息周流不居偶逢其適便可卒歲陶生云富貴非吾願

帝鄉不可期又云盛夏五月跂脚北窻下有涼風暫至自謂

是羲皇上人嗟乎適意為樂雅會吾意

老親京寧綾幅十二因仿文體書以應命

云谷于灝

乾隆辛酉之夏五月

于　灝　楷书答冯子华处士轴

清
绫本
纵 166 厘米，横 44 厘米
旧藏

楷书节录王绩《答冯子华处士书》，端庄严谨，
直追晋唐遗规。款"乾隆辛酉之夏五月，老亲家
寄绫幅十二，因仿各体书以应命。云谷于灏"。钤
"于灏印""逢源""西河于氏贤良嫡裔"三方
印。"辛酉"为清乾隆六年（1741年）。

杨二酉　山水人物图轴

清
纸本　墨笔
纵 128 厘米，横 39 厘米
旧藏

杨二酉（1705~1780年），字学山，号又邨、西园，晚号柳南、悔翁，山西太原人。清雍正十一年（1733年）进士，乾隆四年（1739年）赴台湾兼理学政。工诗文，擅长书法。书法师二王，兼取黄、米之长，意境高迈，天趣流动。著有《柳园诗草》。

图中苍松挺秀，一老者倚石而坐，神态安闲。右侧行书款"又邨二酉"，钤白文方印"臣二酉之印"。

杨二酉　行书四言联

清
纸本
纵 172 厘米，横 46 厘米
旧藏

用笔劲健，结体峻拔，点画雄健，筋骨内含，沉稳厚重，严整之中亦不乏灵动之姿。"晴窗听鸟，夜月锄花。"款"悔翁二酉"，钤"臣二酉图印"，另一印模糊不清。

晴空听鸟

夜月锺花

盖二客之不能从焉。划然长啸，草木震动，山鸣谷应，风起水涌。予亦悄然而悲，肃然而恐，凛乎其不可留也。反而登舟，放乎中流，听其所止而休焉。时夜将半，四顾寂寥。适有孤鹤，横江东来，翅如车轮，玄裳缟衣，戛然长鸣，掠予舟而西也。须臾客去，予亦就睡。梦一道士，羽衣蹁跹，过临皋之下，揖予而言曰：赤壁之游乐乎？问其姓名，俯而不答。呜呼噫嘻，我知之矣。畴昔之夜，飞鸣而过我者，非子也耶？道士顾笑，予亦惊寤。开户视之，不见其处。

戊戌小寒前一日

杨二酉　行书苏轼后赤壁赋条屏

清
纸本
纵 146.5 厘米，横 46 厘米
旧藏

十二条屏。章法疏朗有致，用笔挺健，圆润而不失遒劲，行中带草，笔意相连，富于变化，顾盼多姿。款"戊戌小寒前一日，悔翁二酉"。钤"杨二酉""又邨""宝研堂"三方印。"戊戌"为清乾隆四十三年（1778年）。

後赤壁賦

是歲十月之望步自雪堂將
歸於臨皋二客從予過黃泥
之坂霜露既降木葉盡脫人
影在地仰見明月顧而樂之
行歌相答已而歎曰有客無
酒有酒無肴月白風清如此
良夜何今者薄暮舉網得
魚巨口細鱗狀如松江之
鱸顧安所得酒乎歸而謀諸
婦婦曰我有斗酒藏之久矣
以待子不時之須於是攜酒
與魚復遊於赤壁之下江流
有聲斷岸千尺山高月小水
落石出曾日月之幾何而江
山不可復識矣予乃攝衣而
上履巉巖披蒙茸踞虎豹登
虯龍攀棲鶻之危巢俯馮夷

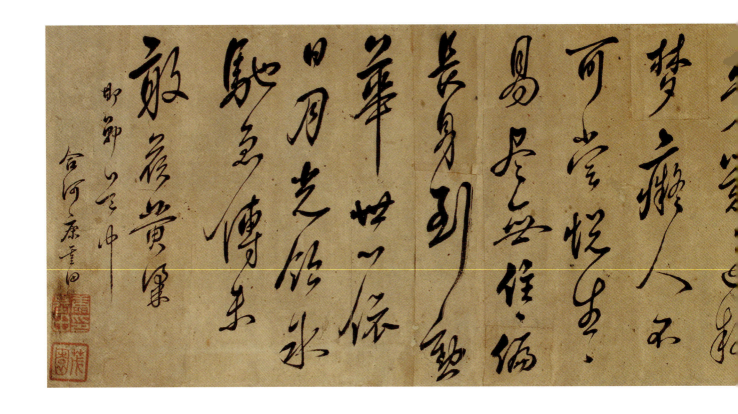

康基田　草书五言诗横幅

清

纸本

纵 26 厘米，横 104 厘米

1961 年山西省太原市征集

康基田（1728~1813年），字仲耕，号茂园，山西兴县人。清乾隆二十二年（1757年）进士，历官河东河道总督、广东布政使等。既是清朝一代名臣，也是著名的水利专家、书法家。著有《河渠纪闻》《晋乘蒐略》《霞荫堂诗集》等。

"古今同此梦，真幻不离方。是幻真犹舜，归真幻亦香。经纶留大块，冰雪涤中肠。借问谁先觉，黄粱苦未尝。""梦觉还疑梦，痴人不可尝。悦生生易尽，无住住偏长。身到勋华世，心依日月光。饮冰驰急传，未敢莅黄粱。"款"邯郸道中，合河康基田"。钤"康基田印""茂园"两方印。

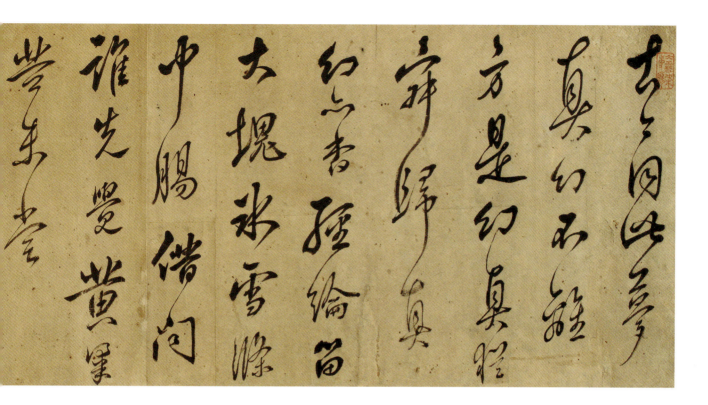

康基田　草书临帖册

清

绢本

纵 23 厘米，横 13.8 厘米

旧藏

六开。草书临王羲之《嫂安和帖》《宰相安和帖》《适太常帖》等，体势欹侧变化，点画顾盼呼应，行笔流畅，淋漓尽致。款"丁未小春睢州之次，茂园书"。钤白文方印"臣基田章"。

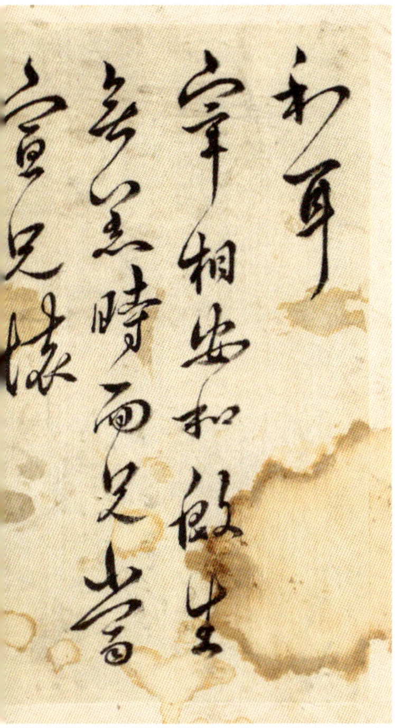

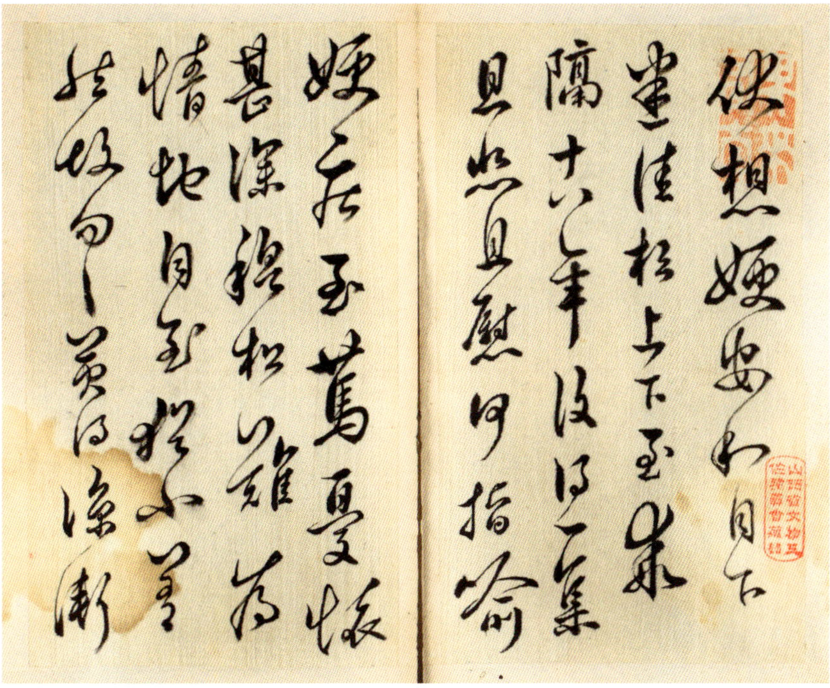

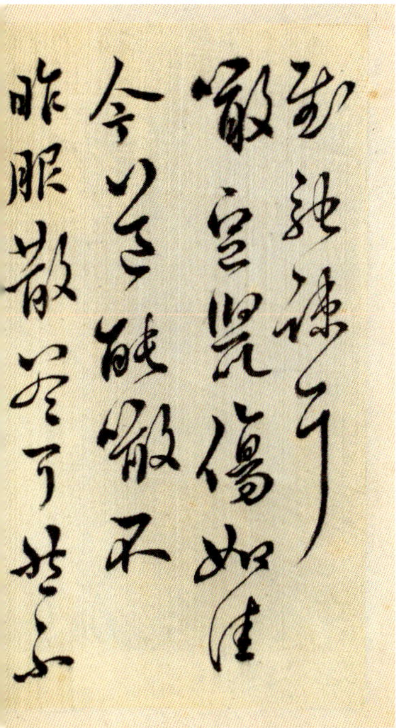

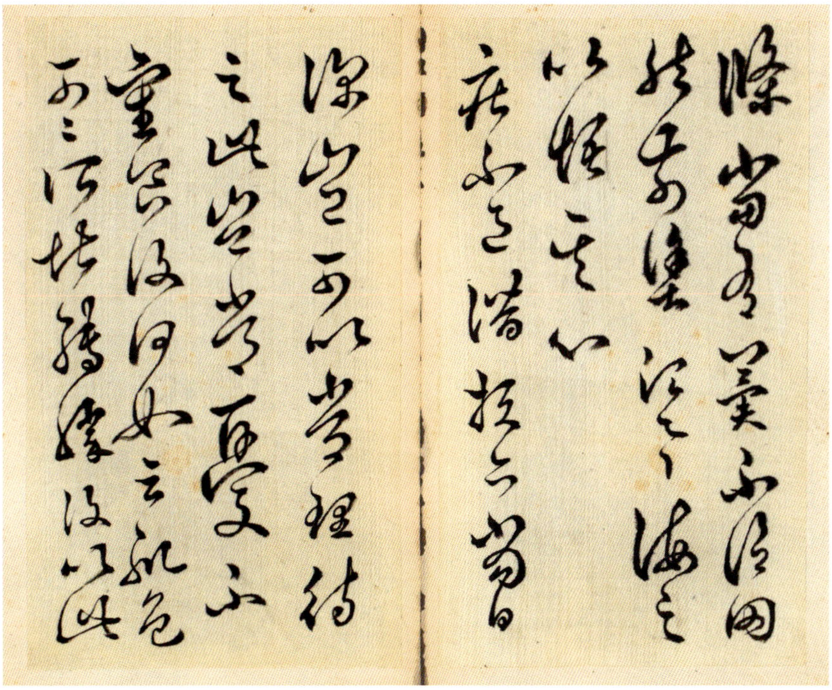

茹纶常　行书五言联

清
纸本
纵 91.3 厘米，横 22 厘米
旧藏

茹纶常（生卒年不详），字文静，号容斋、漫叟，山西介休人，主要活动于清乾隆、嘉庆年间。以诗文著称，是山西著名藏书家之一。擅长书法，苍严秀劲，颇似颜、苏。传世著作有《容斋诗集》。

笔力矫健，潇洒秀逸。"雪明书帐冷，竹映酒杯深。"款"己未仲冬，漫叟茹纶常"。钤"茹纶常""容斋""涂鸦"三方印。"己未"为清嘉庆四年（1799年）。

茹纶常　草书录元宫词横幅

清

纸本

纵 31 厘米，横 44 厘米

1961 年山西省介休县征集

书法精熟，清俊劲秀，行草间杂，飘逸灵动。款"丁未仲春春分前一日摘录元宫词十六
首于一笑山房之南窗下，六悔翁茹纶常"。钤"纶""常""文静""我法""求之于古"
五方印。"丁未"为清乾隆五十二年（1787年）。

宋葆淳　山水图扇面

清

绢本　墨笔

直径27.2厘米

1956年北京市征集

宋葆淳（1748~1825年），字帅初，号芝山，晚号隆陬，安邑（今山西运城）人。清乾隆四十八年（1783年）举人，官至隰州学正。书画皆擅，精于金石考据。山水得宋人笔意，苍秀嫣润。

取法元人，构图简逸，墨色清淡。右上角楷书款"隆陬宋葆淳"，钤朱文长方印"宋葆淳"。

宋葆淳　山水图轴

清
纸本　墨笔
纵 87 厘米，横 34 厘米
1960 年北京市征集

图中山林呈现出烟岚杳霭之境，水墨
苍润，气韵高古。楷书款"嘉庆戊辰
三月六日葆淳为琢如三表弟画"，钤
"宋葆淳印""陛陂"两方印。"戊
辰"为清嘉庆十三年（1808 年）。

嘉慶甲子秋日隴陝郡宋葆淳畫

宋葆淳　山水图扇面

清

纸本　墨笔

纵 15.5 厘米，横 49 厘米

1963 年北京市征集

图绘群山、苍松，由远及近，墨色分明，山石作披麻皴，再加湿笔浓墨点苔，笔力雄劲。画风浑厚质朴，平淡天真中寓雄奇。款“葆淳为铁桥作”，钤白文方印“宋葆淳印”。

宋葆淳　山水图轴

清

纸本　墨笔

纵 146 厘米，横 92 厘米

1960 年北京市征集

图中峰峦耸秀，坡石奇逸，树木苍劲。笔法圆润且峭劲多姿，山石作披麻皴，皴擦并用，气韵浑厚。行书款“嘉庆甲子秋日陁陬宋葆淳画”，钤“宋葆淳印”“陁陬”两方印。

宋葆淳　四槐草堂图卷

清

绢本　设色

纵 32.2 厘米，横 197 厘米

1960 年北京市征集

图中草庐前有槐四株，坡地上竹枝茂盛。用笔秀润，设色淡雅。右侧隶书题
"四槐草堂图"，款"嘉庆十八年九月朔日为琢如表弟作此图并书其自记于卷
后，陇陂宋葆淳"。钤有"宋葆淳印""宋氏帅初""帅初""陇陂"等印。图
卷首尾有卢择元、顾德庆、李宗传、孔龙章等多人题记。

宋葆淳　溪山秋晚图卷

清
绢本　墨笔
纵 31.5 厘米，横 209.5 厘米
1954 年北京市征集

图中山峦起伏，溪水蜿蜒，林舍掩映，笔墨浑厚苍润，墨色层次丰富。楷书款"嘉庆甲戌九月为显斋三兄画，陆陬宋葆淳"。钤"宋葆淳印""宋氏帅初"两方印。右下角钤有鉴藏印"卓翠轩藏"。引首有郭汝砺行书题"溪山秋晚图"，卷尾有戚学标、马履泰等人题跋。

宋葆淳　长风万里图卷

清
纸本　墨笔
纵 27 厘米，横 270 厘米
1956 年北京市征集

画家以"长风万里"为题，表达对朴斋表弟云南之行的美好祝福。构图虚实相生，颇具匠心。用大片留白呈现出海之宽广，乘风前行的舟船及绵延无尽的山脉使画面又有了无限的延展。引首隶书题"长风万里"，款"嘉庆丙子二月宋葆淳"，钤"宋葆淳印""陡陂"两方印。卷尾有宋湘、石同福等多人跋记。

長風萬里

樸齋四表弟
將有雲南之
役寫此贈行
嘉慶丙子二月
宋葆淳

宋葆淳　山水图册

清

纸本　设色／墨笔

纵 28.8 厘米，横 35 厘米

1962 年故宫博物院调拨

十开。笔墨峭劲而灵动，浓淡相宜，意境清幽。末开款"乾隆辛亥
十一月九日，葆淳写"。钤有"宋葆淳印""帅初"等印。"辛亥"为
清乾隆五十六年（1791 年）。

小米遊戲之筆
元白
〔印〕

乾隆辛亥
十月九日
葆淳寫
〔印〕

摹惲南田小景
葆淳
〔印〕

张道渥　隶书七言联

清
纸本
纵 121.5 厘米，横 29 厘米
1963 年北京市征集

张道渥（1757～1829年），字水屋、封紫，号竹畦、张风子，山西浮山人。诗、书、画皆精，有"三绝"之称。著有《水屋剩稿》。

"种树如培佳子弟，拥书权拜小诸侯。"款"沃臣孝廉嘱隶，时在丁亥小阳书于德华菴，水屋老人渥"。钤"张道渥印""水屋道人""名岂文章官因老休"三方印。

张道渥　临渔洋秋林读书图轴

清
绢本　设色
纵 116 厘米，横 59 厘米
1962 年故宫博物院调拨

张道渥于清嘉庆丙寅年（1806年）为翁方纲临摹文点《渔洋秋林读书图》，右下角钤"水屋临本"印。笔法精细，承文派秀润之风。"戊申八月写为阮亭先生寿，文点"为张氏临写原款。阮亭即王士祯，字贻上，号阮亭、渔洋山人。画右上方有翁方纲隶书题"渔洋先生秋林读书图，嘉庆丙寅夏苏斋摹本"。裱边有翁方纲题记，记录了画图的来历，具有极高的史料价值。

张道渥　山水图轴

清

纸本　墨笔

纵 44.5 厘米，横 32.5 厘米

旧藏

取法元人，布局简略，笔墨浓淡相间，意境空灵。款"水屋道人写"，钤"张""水屋"两方印。

松篁交翠高士居 兰士何道生

何道生　松篁交翠图轴

清

纸本　墨笔

纵 93.5 厘米，横 40.2 厘米

旧藏

何道生（1766~1806年），字立
之，号兰士，山西灵石人。清乾隆
五十二年（1787年）进士，官工部
主事、江西九江知府等职。工诗
文，擅长书画，山水尤佳。著有
《双藤书屋诗集》。

图中山峰耸立，湖水潺潺，房屋
掩映于松竹中，景致清幽，令人向
往。款"松篁交翠高士居，兰士何
道生"。钤朱文方印"兰士"。

何道生　隶书七言联

清

纸本

纵 127 厘米，横 29.5 厘米

1962 年故宫博物院调拨

谨守法度，行笔沉稳。"嘉月光
风都有致，秋芳春颖各生新。"
款"兰士何道生"，钤"九江太
守""兰士佐书"两方印。

嘉月光风都有致

秋芳春颖各生新

蘭士何道生

冯 芝 行书七言联

清

纸本

纵 128.5 厘米，横 30 厘米

旧藏

冯芝（1779~1849年），又名冯缵，字厚田，号吾园、勘堂，代州（今山西代县）人。清嘉庆十三年（1808年）进士，历任礼部左侍郎、武英殿总裁等。工诗文书画，惜传世作品较少。

书法笔酣墨饱，遒劲有力。"读书不放一字过，学道当于万事轻。"款"丽园六兄属，冯芝"。钤"慕澈居士""冯芝私印"两方印。

田嵩年 行书六言联

清

纸本

纵 100.5 厘米，横 23.5 厘米

旧藏

田嵩年（1788~1836年），字季高，号梦琴，山西盂县人。清嘉庆二十五年（1820年）进士，任翰林院编修、顺天府尹等职。工书法，擅长诗文，著有《季文诗抄》《遁翁苦吟》。

功力深厚，力透纸背。"鉴背仙人不老，瓦头长生未央。"款"防女大兄大人属书，愚弟田嵩年"。钤"香河""嵩年私印"两方印。

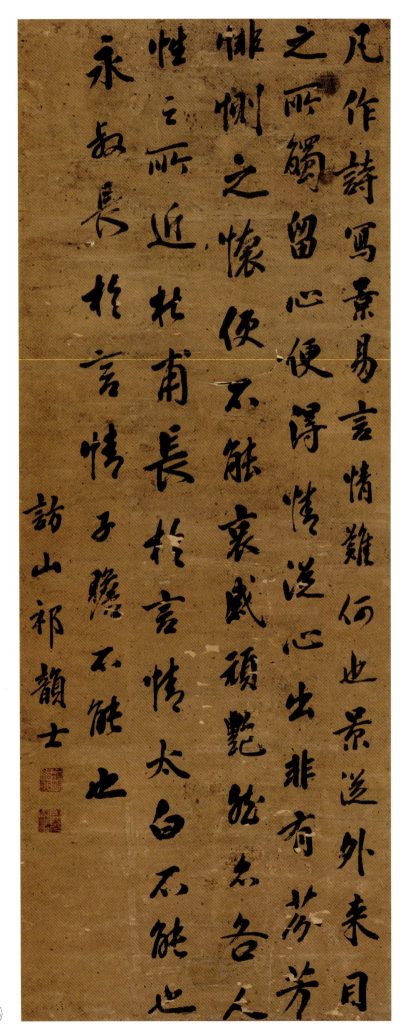

祁韵士　行书袁枚随园诗话轴

清
纸本
纵 118.5 厘米，横 45.8 厘米
1948 年山西省寿阳县征集

祁韵士（1751~1815年），字鹤皋，号筠渌、访山，山西寿阳人。清乾隆四十三年（1778年）进士，官至户部郎中。学识广博，尤长于边疆地理，著有《西陲要略》《万里行程记》。祁韵士笔墨深得古法，苍劲挺秀，作品传世不多。

书袁枚《随园诗话》："凡作诗，写景易，言情难。何也？景从外来，目之所触，留心便得；情从心出，非有芬芳悱恻之怀，便不能哀感顽艳。然亦各人性之所近：杜甫长于言情，太白不能也；永叔长于言情，子瞻不能也。"款"访山祁韵士"，钤"筠渌韵士""宫元之章"两方印。

祁寯藻　行书花庵记轴

清
绫本
纵 128.5 厘米，横 65 厘米
旧藏

祁寯藻（1793~1866年），字叔颖，一字淳甫，号春圃、观斋，山西寿阳人。祁韵士之子。清嘉庆十九年（1814年）进士，历官军机大臣，左都御史，兵、户、工、礼诸部尚书，体仁阁大学士、太子太保等，有"三代帝师"之称。明经史，通训诂，精诗文，工书法。其书法由小篆入真行，师承二王，出颜柳，参以山谷，深厚遒健，自成一格，为清代中晚期著名书法家。著有《马首农言》《馤劂亭集》等。

行书司马光《花庵诗》："时任西京留台，廨舍东新开小园，无亭榭。乃构木插竹，多种酴醾、宝相及牵牛诸延蔓之物，使蒙幂其上，如栋宇状，名曰'花庵'。"款"淳甫祁寯藻书"，钤"寯藻私印""字叔颖号淳甫"两方印。

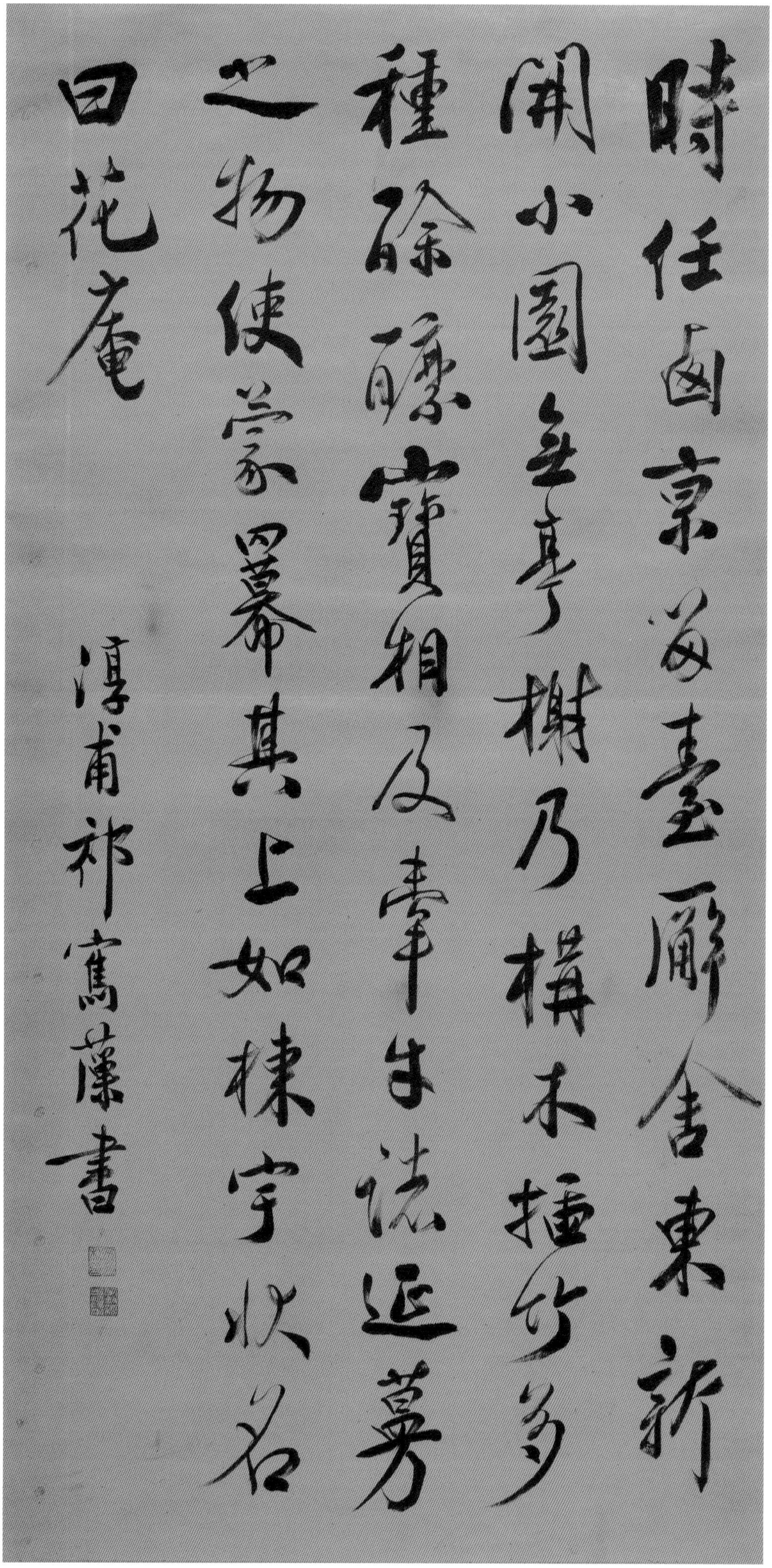

時任園京安臺廨舍東新
開小園並亭榭乃樹木種竹多
種徐穊寶相及辇生法延蔓
之物使蒙羃其上如棟宇狀名
曰花庵

淳甫祁寯藻書

讀誦為人解說須菩提以要言
之是經有不可思議不可稱量
無邊功德如來為發大乘者說
為發最上乘者說若有人能受
持讀誦廣為人說如來悉知悉
見皆得成就
文徵明書 金剛經

大小諸樹百穀苗稼甘蔗蒲萄
雨之所潤無不豐足乾地普洽
藥木並茂其雲所出一味之水
草木叢林隨分受潤一切諸樹
上中下等稱其大小一雨皆得
鮮澤
董其昌書 蓮華經
臣祁寯藻敬臨

祁寯藻　楷书临帖册

清

纸本

纵 16 厘米，横 9 厘米

1962 年故宫博物院调拨

四开。临颜真卿《麻姑山仙坛记》、赵孟頫《黄庭经》、文徵明《金刚经》、董其昌《莲华经》。笔法稳健，含蓄内敛，融各家精髓为一体。款"臣祁寯藻敬临"，钤"臣""寯藻"两方印。

按圖經南城縣有麻姑山頂有
古壇相傳云麻姑於此得道壇
東南有池中有紅蓮近忽變碧
今又白矣池北下壇傍有杉松
皆偃蓋時聞步虛鍾磬之音東
南有瀑布淙下三百餘尺東北
高石中猶有螺蚌殼或西北有麻
源謝靈運詩題入華子崗是麻
源第三谷恐其處也源口有神
祈雨輒應
顏真卿書麻
姑山仙壇記

須菩提若有人以恒河沙等身
布施如是無量百千萬億以身

黃庭中人衣朱衣關門壯籥蓋
兩扉幽關俠之高魏丹田之中
精氣微玉池清水上生肥靈根
堅固志不衰中池有士服赤朱
橫下三寸神所居中外相距重
閉之神廬之中務脩治呼噏廬
間以自償保守兒堅身受慶方
寸之中謹蓋藏精神還歸老復
壯俠以幽關流下竟養子玉樹
令可伏
趙孟頫書
黃庭經

譬如大雲起於世間徧覆一切
慧雲含潤地上清涼其雨普等

祁寯藻　行书黄庭坚七言诗卷

清

纸本

纵 23.5 厘米，横 395.5 厘米

1961 年北京市征集

行书黄庭坚《次韵谢子高读渊明传》七言诗，深厚遒劲，笔墨酣畅淋漓。款"岁在重光作噩暮春之初，馒龡亭叟偶然欲书"。钤"祁寯藻印""实甫"两方印。"重光作噩"为辛酉年的古纪年法，即清咸丰十一年（1861年）。引首有赵昌燮题，拖尾有孙奂伦、常赞春跋。经崔廷献珍藏。

枯本 嵚空 激黯 洪隆 只古 在无 古红 袖中 正有 南風

黄菊 平生 事無 酒令 人意 缺然 谁为聽之 次和謝 子髙漬 閩的倚 賦 东坡和陶

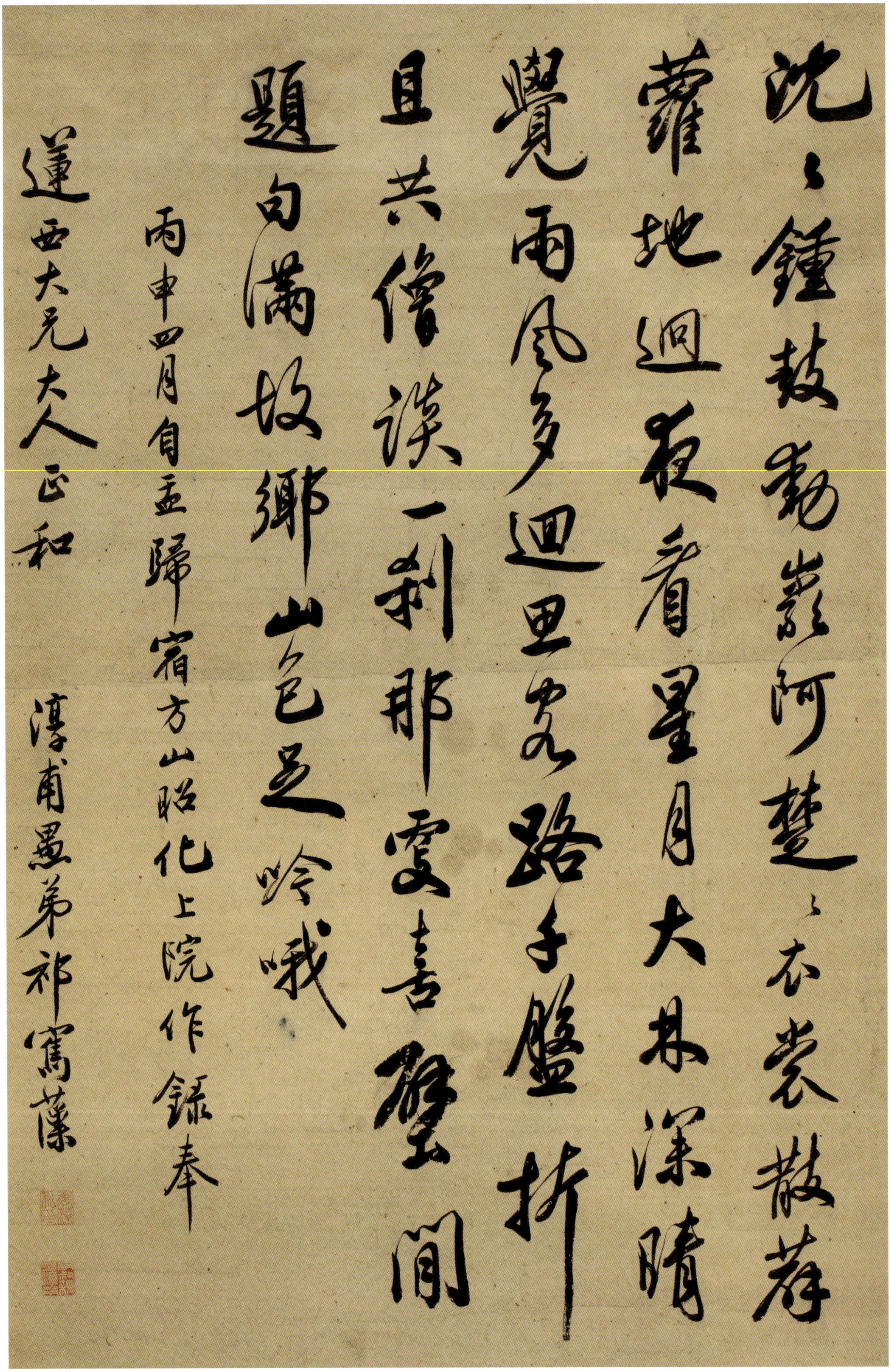

沈沈鐘鼓鳴紫阿埜本衷散荇

薜地迴夜看星月大林深晴

覺雨風多迴里密路手盤折

且共僧談一刹那雲喜鑿間

題句滿牧鄉山色足吟哦

丙申四月自盂歸宿方山昭化上院作錄奉

蓮西大元大人正和

濤甫愚弟祁寯藻

祁寯藻　行书扇面

清
纸本
纵 18 厘米，横 54 厘米
1959 年山西省曲沃县征集

行书摘录《新唐书·循吏列传》，章
法严谨，疏朗有度，笔画酣畅，遒劲
婉美。款"钱轩二兄大人雅正，世愚
弟祁寯藻。"钤"寯""藻"两方印。

祁寯藻　行书七言诗轴

清
纸本
纵 96.7 厘米，横 56.5 厘米
旧藏

"沈沈钟鼓动岩阿，楚楚衣裳散薜萝。地迥夜看星月大，林深晴觉雨风
多。回思客路千盘折，且共僧谈一刹那。更喜壁间题句满，故乡山色足吟
哦。"款"丙申四月自盂归，宿方山昭化上院作录，奉莲西大兄大人正和，
淳甫愚弟祁寯藻"。钤"寯藻私印""字叔颖号淳甫"两方印。

祖石帖者帖幾經翻刻而以
原刻為祖石陸友仁以昇元帖
當之後人多釀其說董元宰
又以為澄清堂帖帖皆誤也

禹臣大兄屬即正

祁寯藻

祁寯藻

行书孙承泽庚子销夏记句轴

清

纸本

纵 122 厘米，横 57 厘米

1963 年北京市征集

"祖石帖者，帖几经翻刻而以原刻为祖石。陆友仁以《升元帖》当之，后人多袭其说，董元宰又以为《澄清堂帖》，皆误也。"款"禹臣大兄属即正，祁寯藻"。钤"祁寯藻印""叔颖一字淳父"两方印。另钤"代州张氏天禄琳琅阁""奇栽赏鉴"两方鉴藏印。

祁寯藻

行书颜真卿争座位帖轴

清

绢本

纵 166.5 厘米，横 73 厘米

1963 年北京市征集

"盖太上有立德，其次有立功，是之谓不朽。抑又闻之，端揆者，百寮之师长；诸侯王者，人臣之极地。今仆射挺不朽之功业，当人臣极地。"款"松盘先生正临，愚弟祁寯藻。"钤"寯藻私印""字叔颖号淳甫"两方印。

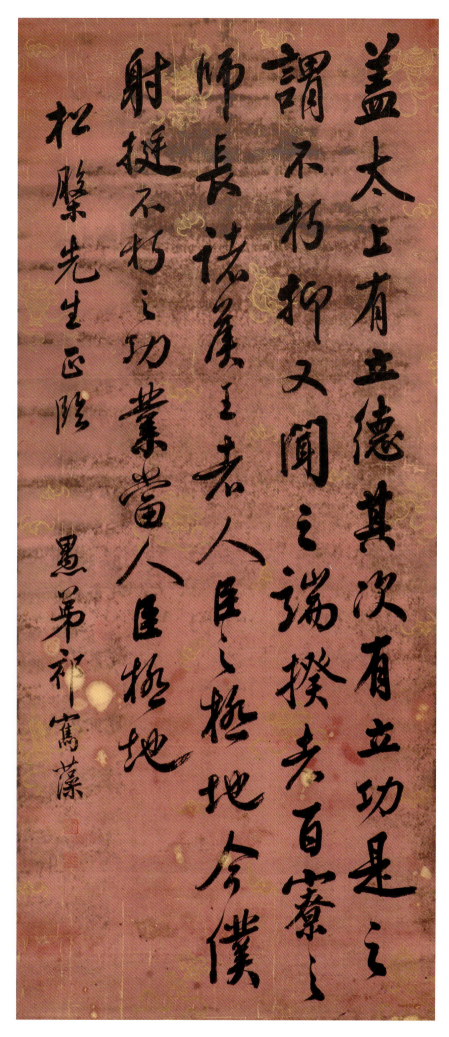

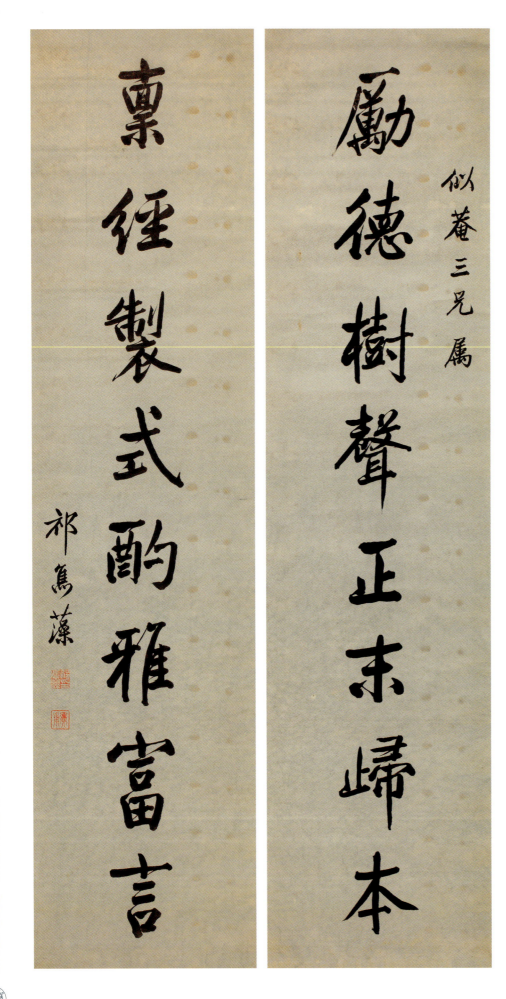

勵德樹聲正末歸本

稟經製式酌雅富言

似菴三兄屬

祁寯藻

祁寯藻　行书八言联

清

纸本

纵 163.5 厘米，横 40.5 厘米

1960 年北京市征集

用笔婉转流利，妍美而不柔媚。"励德树声正末归本，禀经制式酌雅富言。"款"似菴三兄属，祁寯藻"。钤"祁寯藻印""实甫"两方印。

祁寯藻　行书八言联

清

纸本

纵 182 厘米，横 36 厘米

1960 年北京市征集

行笔自然，结字平和，墨色饱满，潇洒秀逸。"曲室清风静坐得趣，虚亭流水永日娱怀。"款"祁寯藻"，钤"祁寯藻印""淳甫"两方印。

巾褐步时闻鸟声鸿雁不来之字远行
雨思不远平生海阔碧云夜清
月明如有佳隔大河前横玉壶买春
云雨茅屋坐中佳士左右临竹白云初
晴幽鸟相逐眠琴绿阴上有飞瀑落

花无言人淡如菊老之豪华落日可读
娟娟群松下有漪流晴雪满江隔溪渔舟
可人如玉步屟寻幽载行载止坐中碧窈神
出古异漫索不可收如月之曙如气之秋

慧堂老贤煓察书　观斋祁寯藻

祁寯藻　行书二十四诗品四条屏

清

纸本

纵 175.5 厘米，横 65 厘米

旧藏

大用外腓，真體內充，反虛入渾，積健
為雄。具備萬物，橫絕太空，荒荒油雲，
寥寥長風。超以象外，得其環中，持之
匪強，來之無窮。素處以默，妙機其微，飲之
太和，獨鶴與飛。猶之惠風，荏苒在衣，閱音修

篁。美曰載歸。遇之匪深，即之愈希，脫
有形似，握手已違。采采流水，蓬蓬遠春，
窈窕深谷，時見美人。碧桃滿樹，風日水濱，柳
陰路曲，流鶯比鄰。乘之愈往，識之愈真，如將
不盡，與古為新。綠衫睡屋，藏日氣清従

录唐司空图《二十四诗品》中《雄浑》《冲淡》《纤秾》《沉着》《典雅》《清奇》六则。笔力健劲沉着，又不乏灵动飘逸。款"慧堂老贤侄察书，观斋寓藻"。钤"祁寓藻印""实甫"两方印。

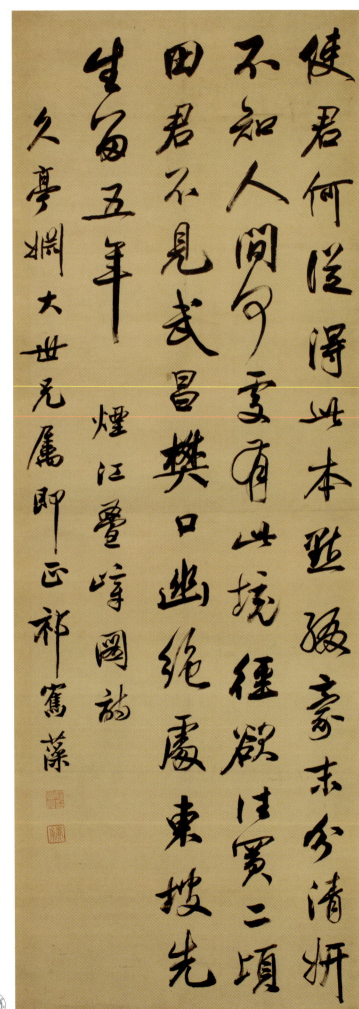

祁寯藻　行书苏轼诗句轴

清
绢本
纵 183.5 厘米，横 66.5 厘米
1960 年北京市征集

行书《书王定国所藏烟江叠嶂图》："使君何从得此本，点缀毫末分清妍。不知人间何处有此境，径欲往买二顷田。君不见武昌樊口幽绝处，东坡先生留五年。"款"烟江叠嶂图诗，久亭姻大世兄属即正，祁寯藻"。钤"祁寯藻印""实甫"两方印。

祁寯藻　行书范成大桂海虞衡志轴

清
纸本
纵 118 厘米，横 56 厘米
1982 年山西省太原市征集

"水月洞在宜山之麓，其半枕江，天然刻划作大洞门，透彻山背。顶高数十丈，其形正圆，端整若大月轮。江别派流贯洞中，踞石弄水，如坐卷篷大桥下。"款"研堂世兄属，实甫祁寯藻"。钤"祁寯藻印""淳甫"两方印。

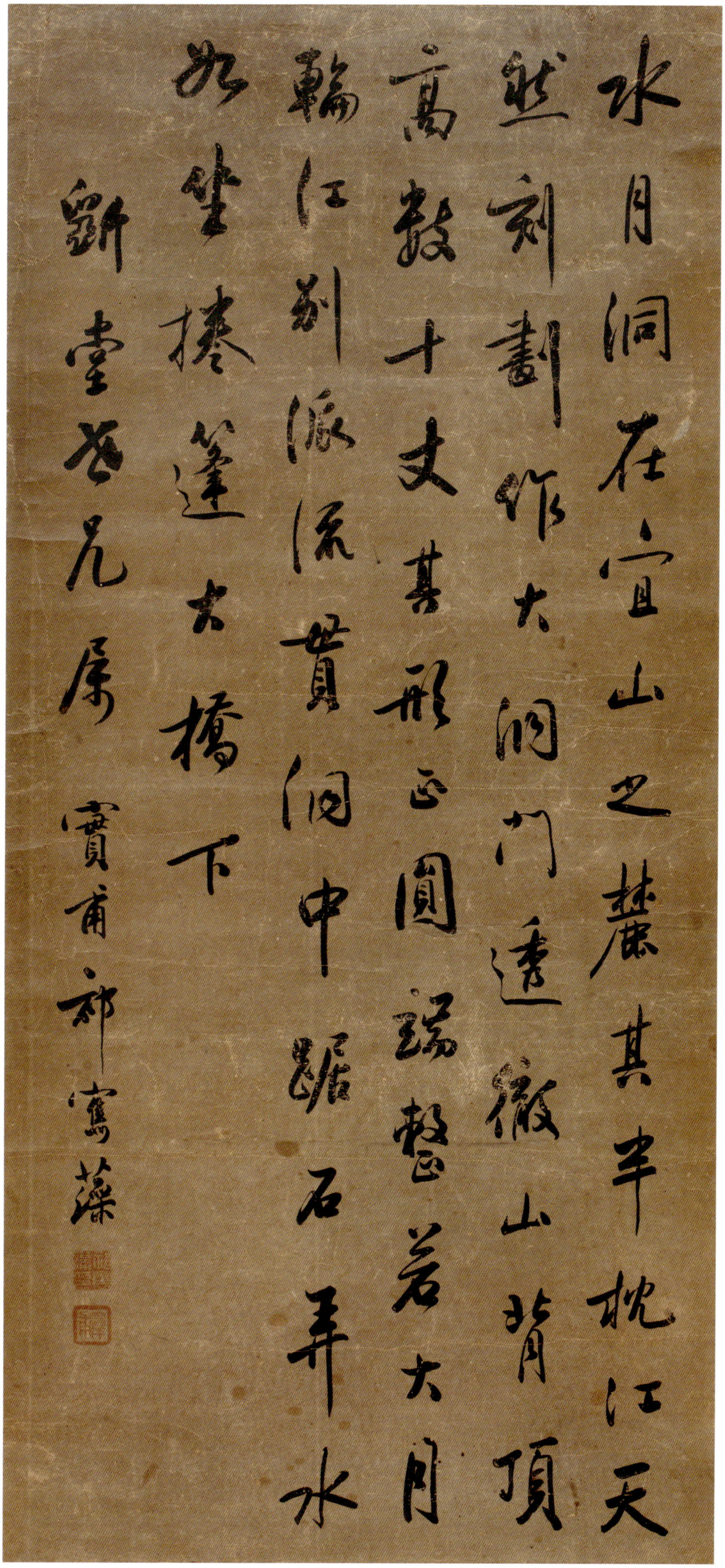

水月洞在宜山之麓其半枕江天
迤剜割作大洞门透徹山背頂
高敞十丈其形正圆端整若大月
輪江剜派流貫洞中踞石弄水
如坐捲篷大橋下
斷霊飞兒屑　賓甫祁寯藻

祁寯藻　行书李文全传卷

清

纸本

纵 23.5 厘米，横 856 厘米

1961 年北京市征集

布局疏密相间，笔墨婉转秀逸，得晋唐法度神韵。卷中祁寯藻记述了仆人李文全的生平事迹，款"道光廿一年十一月寿阳祁寯藻并书"，钤"祁氏寯藻""叔颖"两方印。

李寔小传

李文全直隶人幼随某官之黔中
遂家焉性耿直不挠於物恭敬不
泪於俗事主忠待人厚能书恒
解文义知古今事有远志视妻
子泊如也中年鱼郎家去家人佛
知久而音闷俱宗尝事阎大京兆
察其敬慎不苟言笑俾侍公
子读书公子颇严惮之又命侍
童董成买事李点视之犹子搅
海备至会余兆卒家贫陷者
昼散文全犹侍汲汲开阖奉匜
妇平遥公子媾於依余家文全病
舍与俱 先夫 太夫人察其忠甚重
之既而公子入都为北城吏目以事
戍乌鲁木齐文全随之戍所艰苦
苦收时固重用兵及时自效
母躭异域之乐无及切诛忤意以逊
遣此此子成遣文全犹流滞军
中後数年乃附明驼以归而公子
正贫病不支文全事之益谨绝口不

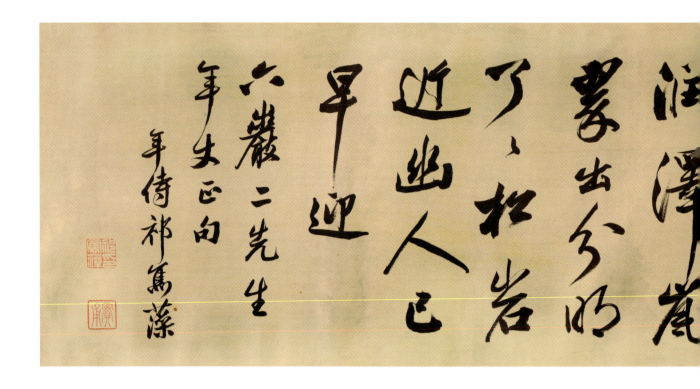

祁寯藻　行书五言诗卷

清

绫本

纵 39 厘米，横 169 厘米

1961 年北京市征集

清咸丰辛酉年（1861年）五月，祁寯藻从寿阳平舒村抵达方山后作五言
诗："山灵招我行，一雨放朝晴。老借蓝舆稳，闲凭竹杖轻。野田含润
泽，岚翠出分明。了了松岩近，幽人已早迎。"款"六岩二先生年丈正
句，年侍祁寯藻"。钤"祁寯藻印""实甫""观斋"三方印。

山雲招
我行一
雨放朝
晴无借
籃興
閑憑竹
輕野田
舍

稳

杖

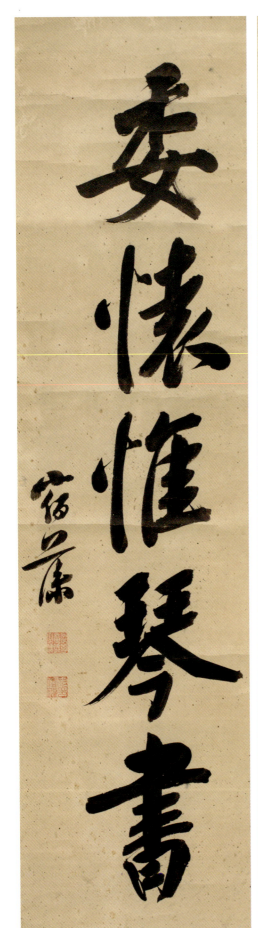

祁宿藻　行书五言联

清
纸本
纵 92.7 厘米，横 27 厘米
1956 年征集

祁宿藻（1801~1853年），字幼章，号子孺，山西寿阳人。祁寯藻之弟。清道光十八年（1838年）进士，历任湖北黄州知府、江宁布政使等职。工书法，传世墨迹较少。

结字稳健，端庄大方，点画皆有筋骨，有古朴雄厚之风。"结念在霄汉，委怀惟琴书。"款"宿藻"，钤"字幼章号子孺""祁宿藻印"两方印。

祁世长

行书胡炳文纯正蒙求句轴

清
纸本
纵 118 厘米，横 49 厘米
旧藏

祁世长（1825~1892年），字子禾，号敏斋，山西寿阳人。祁寯藻之子。清咸丰十年（1860年）进士，历官左都御史、工部尚书等职。工书法，劲穆淳雅。著有《思复堂集》《翰林书法要诀》等。

"北魏崔孝芬、孝伟兄弟，孝义慈厚，一钱尺布不入私房，吉凶有需，聚对分给。诸妇亦相亲爱，有无共之。"款"祁世长"，钤"祁世长印""子禾"两方印。

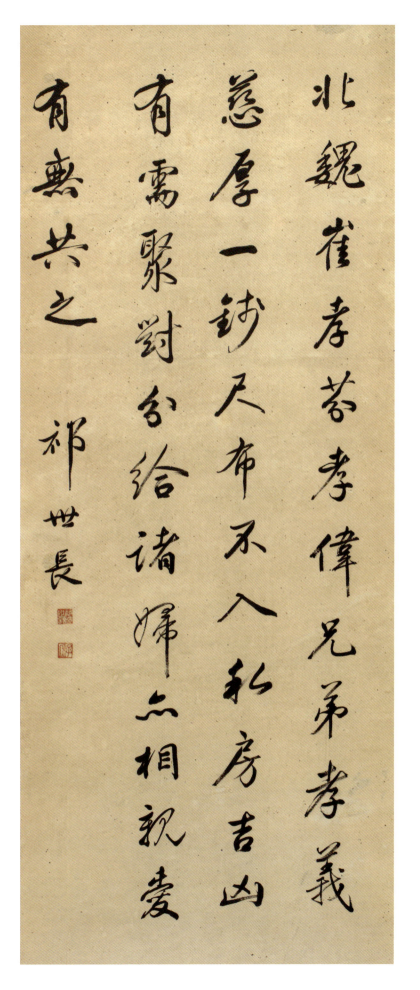

祁世长　行书七言联

清

纸本

纵 135.5 厘米，横 31 厘米

旧藏

为王羲之《兰亭序》集字联，笔法精严，刚柔相济，平和自然，有晋唐风骨。"在地竹阴清若水，向人山气古于天。"款"祁世长"，钤"祁世长印""子禾"两方印。

钞唐東南皆有水樂洞泉流空巖中皆自然宮商又自靈隱下天竺而上至上天竺溪行兩山間巨石磊磊如牛羊其聲空奢然若鐘聲乃知莊生所謂天籟也

祁世長

祁世长

行书苏轼跋石钟山记后轴

清
纸本
纵 117 厘米，横 48 厘米
旧藏

"钱唐东南皆有水乐洞，泉流空岩中，皆自然宫商。又自灵隐下天竺而上至上天竺，溪行两山间，巨石磊磊如牛羊，其声空奢然，真若钟声，乃知庄生所谓天籁也。"款"祁世长"，钤"祁世长印""子禾"两方印。

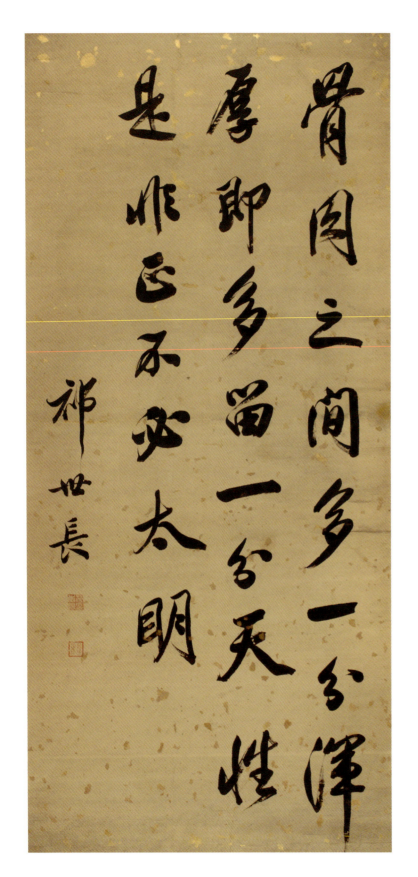

祁世长

行书黄宗羲明儒学案句轴

清

纸本

纵 127 厘米，横 59 厘米

旧藏

书法兼取颜真卿、苏东坡笔意，骨力遒劲，丰润沉厚。"骨肉之间，多一分浑厚，即多一分天性，是非正不必太明。"款"祁世长"，钤"祁世长印""子禾"两方印。

张 穆

行书元人诗轴

清

纸本

纵 125 厘米，横 59.2 厘米

1961 年山西省太谷县征集

张穆（1805~1849年），初名瀛暹，字蓬仙，后更名穆，字诵风，一字石州，亦称石舟、硕舟等，号月斋，晚号靖阳亭长，山西平定人。清代著名的爱国思想家、地理学家、诗人和书法家，致力于西北边疆地理和蒙古史的研究，著有《蒙古游牧记》《俄罗斯补辑》《魏延昌地形志》《月斋诗集》《月斋文集》《靖阳亭杂记》《顾阎合谱》等。书法端庄劲逸，自成风格。

笔法劲健，独具风貌。"（川）迥枫林散，山深竹巷幽。疏烟沉去鸟，落日送归牛。鹭影兼秋静，蝉声带晚凉。陂长留积水，川阔尽斜阳。星出湖上雨。不见打鱼人，菰浦雁相语。"款"丙午五月杂录元人五言绝句，明之世讲察书。月斋居士张穆"。钤"泰原张穆""阳泉山庄"两方印。

迴楓坤散山深竹巷迷踪烟沈玄鳥遺

月送歸牛鷺影兼秋静蟬琴帶

疎瀬陂長留積水以涵畫斜陽至出

湖上雨不見打魚人菰蒲存相語兩

五月禖錄元人五言絶句

閒之世溝啓書 良齋居士張璸

東后協時月正日同律度量衡修五禮五玉三帛
二生一死摯如五器卒乃復五月南巡守至于南
岳如岱禮八月西巡守至于西岳如初十有一月
朔巡守至于北岳如西岳歸格于藝祖用特五載一
巡守羣后四朝敷奏以言明試以功車服以庸摩
十有二州封十有二山濬川象以典刑流宥五刑
鞭作官刑扑作教刑金作贖刑眚災過赦怙終賊
刑欽哉欽哉惟刑之謐哉流共工于幽洲放驩兜
于崇山竄三苗于三危殛鯀于羽山四罪而天下
咸服二十有八載放勳乃殂落百姓如喪考妣三

之四

鯀在下曰虞舜帝曰俞予聞如何岳曰瞽子父頑
母嚚象傲克諧以孝烝烝乂不格姦我其試哉女
于時觀厥刑于二女釐降二女于媯汭嬪于虞帝
曰欽哉慎徽五典五典克從納于百揆百揆時敘
賓于四門四門穆穆納于大麓烈風雷雨弗迷帝
曰格女舜詢事考言乃言厎可績三年女陟帝位
舜讓于德弗怡正月上日受終于文祖在璇機玉
衡以齊七政肆類于上帝禋于六宗望于山川徧
于群神輯五瑞既月乃日覲四岳群牧班瑞于群
后歲二月東巡守至于岱宗柴望秩于山川肆覲

之三

张　穆　楷书虞夏商周册

清
纸本
纵 37 厘米，横 23.5 厘米
1960 年北京市征集

二十开。末页书："墨林先生以此册索书，庋阁一年，己酉元旦乃用以发笔，
日课一页，二十日而毕。计凡虞书二篇，夏书二篇，商书三篇，周书四篇，
文字异同约从马郑本为多。廿一日早起张穆记。"钤"上艾张穆""小栖云
亭""知唐秉艾之室""靖阳亭"等印。

堯典

曰若稽古帝堯曰放勳欽明文思安安允恭克讓光
被四表格于上下克明俊德以親九族九族既睦辯
章百姓百姓昭明協和萬邦黎民於變時雍乃命羲
和欽若昊天歷象日月星辰敬授民時分命羲仲宅
嵎鐵曰暘谷寅賓出日平秩東作日中星鳥以殷仲
春厥民析鳥獸孳微申命羲叔宅南交平秩南譌敬
致日永星火以正仲夏厥民因鳥獸希革分命和仲
宅西曰柳谷寅餞納日平秩西成以殷仲秋厥民夷
鳥獸毛毨申命和叔宅朔方曰幽都平在朔易日短

之一

星昴以正仲冬厥民隩鳥獸氄毛帝曰咨女羲暨和
期三百有六旬有六日以閏月正四時成歲允釐百
工庶績咸熙帝曰疇咨若時登庸放齊曰胤子朱啟
明帝曰吁嚚訟可乎帝曰疇咨若予采驩兜曰都共
工方鳩僝功帝曰吁靜言庸違象恭滔天帝曰咨
四岳湯湯洪水方割蕩蕩懷山襄陵浩浩滔天下
民其咨有能俾乂僉曰於鯀哉帝曰吁咈哉方命
圮族岳曰异哉試可乃已帝曰往欽哉九載績用
弗成帝曰咨四岳朕在位七十載女能庸命巽朕
位岳曰否德忝帝位曰明明揚側陋師錫帝曰有

之二

年四海遏密八音月正元日舜格于文祖詢于四岳
闢四門明四目達四聰咨十有二牧曰食哉惟時
柔遠能邇惇德允元而難任人蠻夷率服舜曰咨
四岳有能奮庸熙帝之載使宅百揆亮采惠疇僉
曰伯禹作司空帝曰俞咨禹女平水土惟時懋哉
禹拜稽首讓于稷契暨皋陶帝曰俞汝往哉帝曰
棄黎民阻飢女后稷播時百穀帝曰契百姓不親
五品不遜女作司徒敬敷五教在寬帝曰皋陶蠻
夷猾夏寇賊姦宄女作士五刑有服五服三就五
流有宅五宅三居惟明克允帝曰疇若予工僉曰

之五

曰垂哉帝曰俞咨垂女共工垂拜稽首讓于殳斨
暨伯與帝曰俞往哉汝諧帝曰疇若予上下艸木
鳥獸禹曰益哉帝曰俞咨益女作朕虞益拜稽首
讓于朱虎熊羆帝曰俞往哉汝諧帝曰咨四岳有
能典朕三禮僉曰伯夷帝曰俞咨伯女作秩宗夙
夜惟寅直哉惟清伯拜稽首讓于夔龍帝曰俞往
欽哉帝曰夔命女典樂教胄子直而溫寬而栗剛
而無虐簡而無傲詩言志歌永言聲依永律和聲
八音克諧無相奪倫神人以和夔曰於予擊石拊
石百獸率舞帝曰龍朕堲讒說殄行震驚朕師命

之六

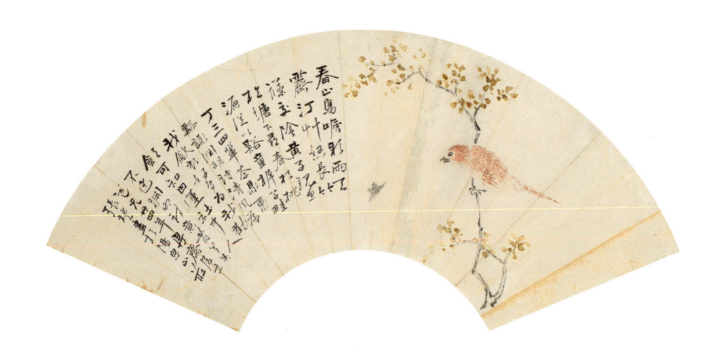

张 穆 书画扇面

清
纸本 设色
纵 17 厘米，横 51 厘米
1949 年太岳行政公署移交

枝头上的鸟儿羽毛蓬松，虽是写意，神形俱佳。左侧书黄庭坚《溪上吟》序："春山鸟鸣，新雨天霁，汀草怒长，竹篠交阴。黄子观鱼于塘下，寻春于桃源。从以溪童、稚子、畦丁三四辈，茶鼎酒瓢，咏渊明诗，清风为我吹衣，好鸟为我劝饮。可知白莲社中人，不达渊明诗意者多矣。"款"道光廿四年，月斋居士张穆画于阳泉山庄。"张穆绘画作品传世极少，书画相映亦属难得。

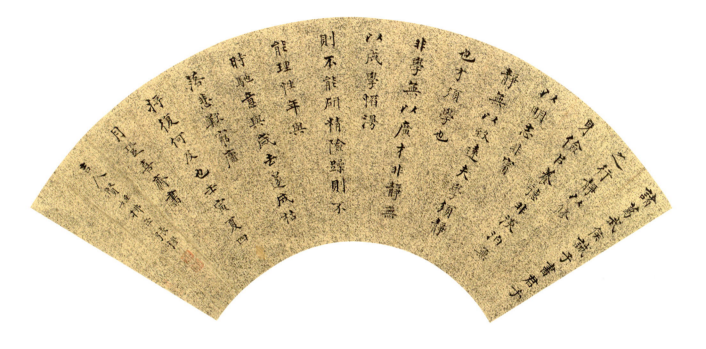

张 穆 楷书扇面

清

纸本

纵 17 厘米，横 51 厘米

1949 年太岳行政公署移交

"诸葛武侯《诫子书》：君子之行，静以修身，俭以养德。非淡泊无以明志，非宁静无以致远。夫学须静也，才须学也。非学无以广才，非静无以成学。惰慢则不能励精，险躁则不能理性。年与时驰，意与岁去，遂成枯落，悲叹穷庐。将复何及也！"款"壬寅夏四月莅喜斋书，吉人贤侄拂正，张穆"。钤连珠印"张穆"。"壬寅"为清道光二十二年（1842年）。

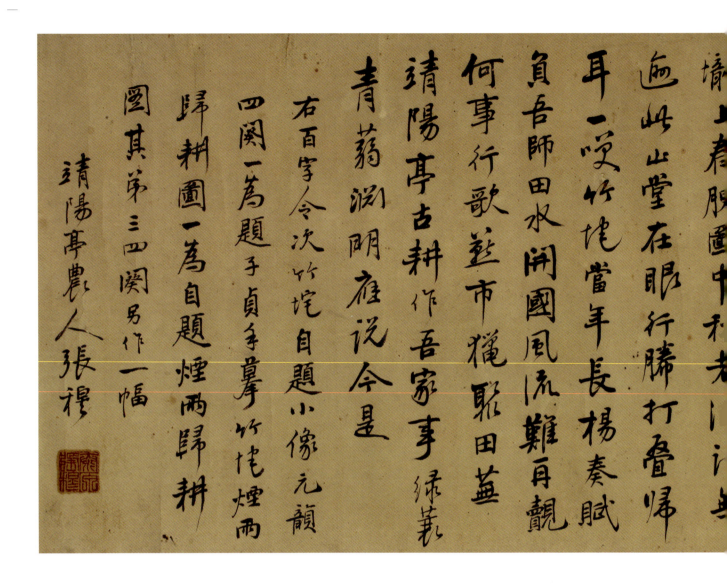

张 穆 行书题烟雨归耕图横幅

清
纸本
纵 31.2 厘米，横 88 厘米
1954 年山西省太原市征集

"空濛烟雨，看图中人貌，非农非士。著述等身容易了，只有乡怀已。何逊闲情，吴生妙手，重复为摹此。鸳湖一棹，倒底被劾归耳。""卷有畸士吟诗，逸民豪慨，更倚声春水。笔下黎丘工作幻，弹指即成烟市。老子挥毫，阿郎押角，书画君家事。东洲山好，听鹂载酒谁是。""客游倦也。问几人真个，怜才敬士。辛苦平生余底物，数卷残书而已。坺上春腴，图中秋老，活计无逾此。山堂在眼，行縢打叠归耳。""一笑竹垞当年，长杨奏赋，负吾师田水。开国风流难再觌，何事行歌燕市。猎聚田芜，靖阳亭古，耕作吾家事。绿蓑青蒻，渊明应说今是。"款"右百字令次竹垞自题小像元韵四阕，一为题子贞手摹竹垞烟雨归耕图，一为自题烟雨归耕图，其弟三四阕另作一幅。靖阳亭农人张穆"。钤"泰原张穆"印。

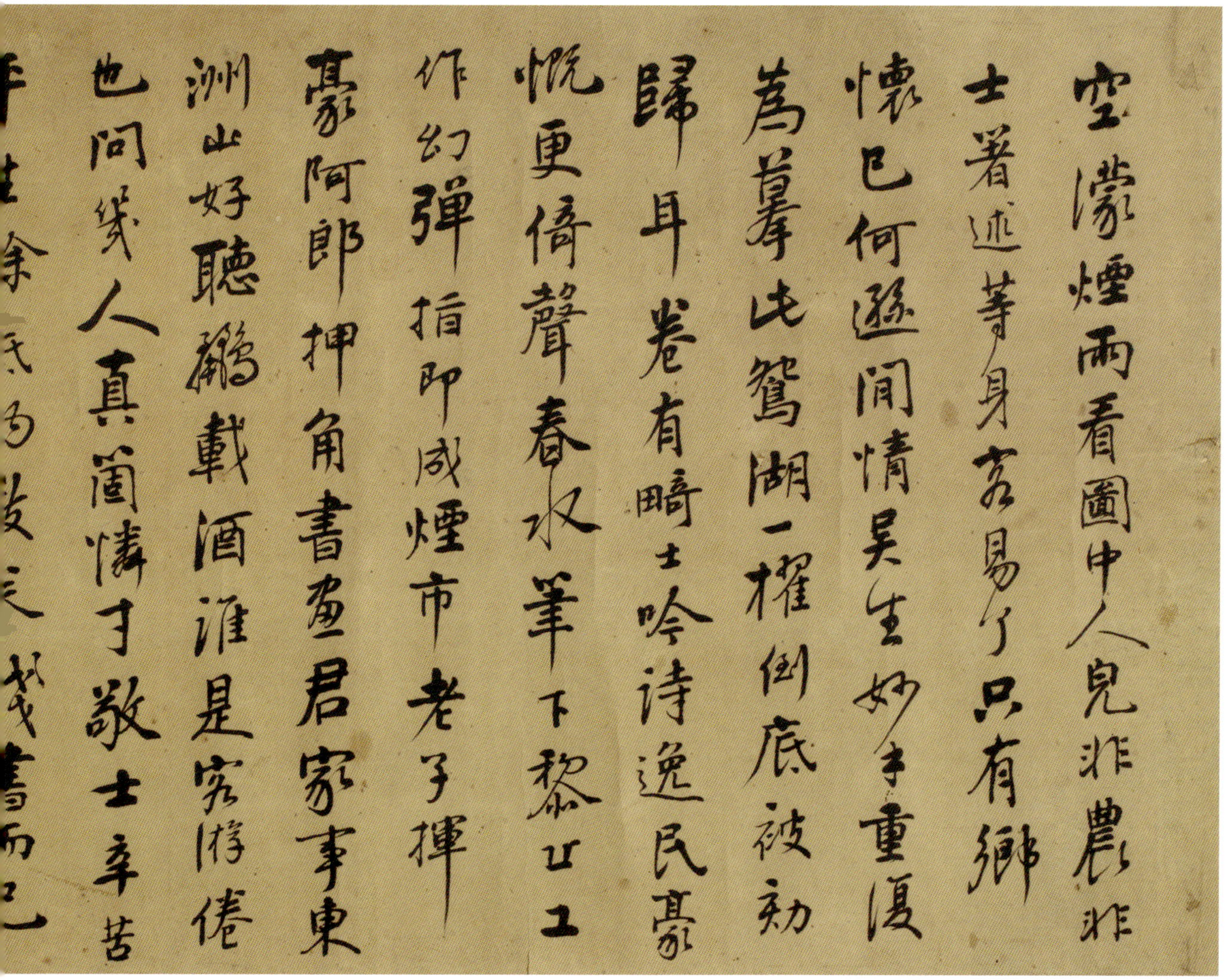

空濛煙雨看圖中人見非農非
士著述莘身容易了只有鄉
懷已何遜間情吳生妙手重湏
為摹此鴛湖一權倒底被勒
歸耳卷有畸士吟詩逸民甚豪
怳更倚聲春水筆下黎廿工
作幻彈指即咸煙市老子揮
毫阿郎押角書畫君家事東
洲山好聽鵜載酒誰是宏獎倦
也問笑人真聞濤于敬士辛苦
生余□為後之□書而已

移於長居家理故可移於官是以行成於內而名
立於後世矣
諫諍章第十五
曾子曰若夫慈愛恭敬安親揚名則聞命矣敢問子
從父之令可謂孝子乎子曰是何言與昔者天子有爭
臣七八雖無道不失其天下諸侯有爭臣五八雖無

子曰昔者明王事父孝故事天明事母孝故事地察
感應章第十六
於君故當不義則爭之從父之令又焉得為孝乎
義故當不義則子不可以不爭於父臣不可以不爭
有爭友則身不離於令名父有爭子則身不陷於不
道不失其國大夫有爭臣三八雖無道不失其家士

事君章第十七
東自南自北無思不服
悌之至通於神明光於四海無所不通詩云自西自
忘親也脩身慎行恐辱先也宗廟致敬鬼神著矣孝
有尊也言有父也必有先也言有兄也宗廟致敬
長幼順故上下治天地明察神明彰矣故雖天子必

之九

张　穆　楷书孝经册

清
纸本
纵25.5厘米，横12厘米
1965年北京市征集

十开半。结字端庄，法度严谨。款"道光二十二年壬寅元旦张穆敬书。庚子夏曾写一本，以付兄子孝瞻，此本待孝兰长将授之，上元前一日又记"。张穆曾在清道光二十年为孝瞻写过孝经，此本写给孝兰。

日用三牲之養猶為不孝也

五刑章第十一

子曰五刑之屬三千而罪莫大於不孝要君者無上

廣要道章第十二

非聖人者無法非孝者無親此大亂之道也

子曰教民親愛莫善於孝教民禮順莫善於悌移風

之七

易俗莫善於樂安上治民莫善於禮禮者敬而已矣

故敬其父則子悅敬其兄則弟悅敬其君則臣悅敬

一人而千萬人悅所敬者寡而悅者眾此之謂要道

也

廣至德章第十三

子曰君子之教以孝也非家至而日見之也教以孝

所以敬天下之為人父者也教以臣所以敬天下之

為人兄者也教以弟所以敬天下之為人君者也詩

云愷悌君子民之父母非至德其孰能順民如此其

大者乎

廣揚名章第十四

子曰君子之事君……

之八

子曰君子之事上也進思盡忠退思補過將順其美

匡救其惡故上下能相親也詩云心乎愛矣遐不謂

矣中心藏之何日忘之

喪親章第十八

子曰孝子之喪親也哭不偯禮無容言不文服美不

安聞樂不樂食旨不甘此哀戚之情也三日而食教

民無以死傷生毀不滅性此聖人之政也喪不過三

年示民有終也為之棺槨衣衾而舉之陳其簠簋而

哀感之擗踊哭泣哀以送之卜其宅兆而安措之為

之宗廟以鬼享之春秋祭祀以時思之生事愛敬死

事哀感生民之本盡矣死生之義備矣孝子之事親

終矣

之十

道光二十二年壬寅元旦張穆敬書

庚子夏曾寫一本以付孫子孝瞻此本待孝輔

長將授之上元前一日又記

之十一

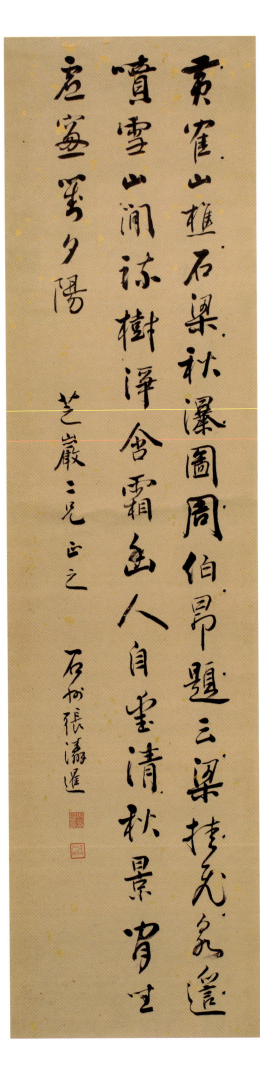

张 穆 行书轴

清

纸本

纵 165 厘米，横 43.5 厘米

1953 年山西省太原市征集

"黄鹤山樵《石梁秋瀑图》，周伯昂题云：梁挂飞泉遥喷雪，山间疏树净含霜。幽人自爱清秋景，闲坐虚窗对夕阳。"款"芝岩二兄正之，石洲张瀛暹"。钤"张瀛暹印""季泄又字石洲"两方印。

张 穆 行书七言诗轴

清

纸本

纵 118 厘米，横 55 厘米

1961 年山西省太原市征集

"水落江南天地秋，西风吹子过东州。试开图籍寻佳处，便命舟车作胜游。爱古探奇亦可怜，锦囊玉轴不作钱。拟须跂马江头路，日日望君书画船。"款"吉人姻世讲，戊申二月张穆"。钤"平定张穆""月斋居士"两方印。

水流江南天地秋 西风吹子还东州
试开图籍寻佳处 度家车作胜
游寻古探奇兵可惜 尽囊玉轴不论钱
携顺跃马江边日 济君书画船
喜人姻世讲 戊申二月张㭿

試問堂前石友今辜十年裏
顏空兩鬢畫圖自風煙彷彿
堪倚孤吟靜更眠舊湖春水長
誰寫釣魚船裏青詩

戊申九月
張樗

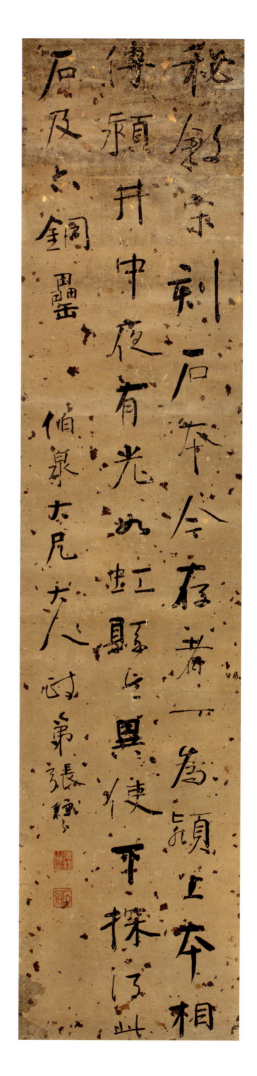

张 穆 行书虞集五言诗轴

清

纸本

纵 131 厘米，横 59 厘米

1953 年山西省文管会移交

行书虞集《戏作试问堂前石五首其一》："试问堂前石，来今几十年？衰颜空雨雪，幽致自风烟。微醉寒堪倚，孤吟静更眠。旧湖春水长，谁系钓鱼船。"款"虞文靖诗，戊申九月张穆"。钤"上艾张氏""云栖石室"两方印。"戊申"为清道光二十八年（1848年）。

张 穆 行书题颍上禊帖后轴

清

纸本

纵 126 厘米，横 29 厘米

1960 年北京市征集

"秘叙宋刻石本，今存者一为颍上本，相传颍井中夜有光如虹，县令异，使下探得此石及六铜罍。"款"伯泉大兄大人政，弟张穆"。钤"张穆之印""石舟"两方印。

徐润第　隶书七言联

清

纸本

纵 150 厘米，横 29.5 厘米

1963 年山西省太原市征集

徐润第（1761~1827年），字德夫，号广轩，山西五台人。清乾隆六十年（1795年）进士，历任内阁中书、典籍厅典籍、储济仓监督、湖北施南府同知等职。清代中后期著名的思想家，著有《敦艮斋遗书》。工书法，中年学欧，晚年学颜，行草兼二王，自成一体。

句联出自白居易《池上竹下作》七律："水能性澹真吾友，竹解心虚是我师。"款"徐润第"。钤"骆朝鼎印""仙湖"两方藏印。

徐润第　行书七言联

清

绢本

纵 124.3 厘米，横 29.5 厘米

旧藏

"能将忙事成闲事，不薄今人爱古人。"款"徐润第"，钤"臣徐润第""德夫"两方印。

能将惟事成闲事

不薄今人爱古人

徐渭笔

以道成女二氣交感化生萬物則其大小之分親疏之等至於

十百千萬兩不能齊也不百聖賢者出就能合其異而反其同哉西銘之作意盖如此程子以為明理一而分殊可謂一言以

親之訓以圖事天之道盖無適而非所謂分立而推理一也夫

之施云爾若無禍物之義則亦何以知夫所施之平哉龜山第

二書盖欲發明此意然言不盡而理有餘也　繼畬書〔印：徐氏松龛〕

徐继畬　楷书册

清

纸本

纵 28 厘米，横 36.7 厘米

旧藏

徐继畬（1795~1873年），字健男、松龛，山西五台人，徐润第之子。清道光六年（1826年）进士，历任福建布政使、广西巡抚、福建巡抚等职，是中国近代开眼看世界的伟大先驱之一，也是近代著名的地理学家，在文学、历史、书法等方面颇有成就。著有《瀛寰志略》《古诗源评注》《退密斋时文》《退密斋时文补编》等。

六开。书选录朱熹《西铭解》。款"继畬书"，钤"徐氏松龛"方印。

北宋张载著《西铭》，程颐、杨时、朱熹均对《西铭》进行过诠释。

乾稱父坤稱母予兹藐焉乃混然中處故天地之塞吾其體天地之帥吾其性民吾同胞物吾與也大君者吾父母宗子其大

也存吾順事沒吾寧也論曰天地之間理一而已然乾道成男

兩不殊哉一統而萬殊則雖天下一家中國一人而不流於兼愛之敝萬殊而一貫則雖親疎異情貴賤異等而不梏於為我

之私此西銘之大指也觀其推親親之厚以大無我

徐继畬　行书争座位帖横幅

清

纸本

纵 61 厘米，横 178 厘米

1954 年马鑫先生捐献

临颜真卿《争座位帖》："前者菩提寺行香，仆射指麾宰相与两省台省已下常参官并为一行坐，鱼开府及仆射率诸军将自为一行坐。若一时从权，犹未可，何况积习更行之乎？一昨以郭令公父子之军，破犬羊凶逆之众。众情欣喜，恨不顶而戴之，是用有兴道之会。"

款"殿卿九兄属临，徐继畬"，钤"徐继畬印""松龛"两方印。

徐继畬　行书扇面

清
纸本
纵 15.5 厘米，横 48.7 厘米
1963 年北京市征集

"洵山无口羬如羊，歌舞黄囊自帝江。崔相世年曾不道，聪明真不在
文章。"款"松龛徐继畬"，钤"徐继畬印"方印。

晴窗坐展来禽帖

茗盌閒談相鶴經

松龕徐繼畬

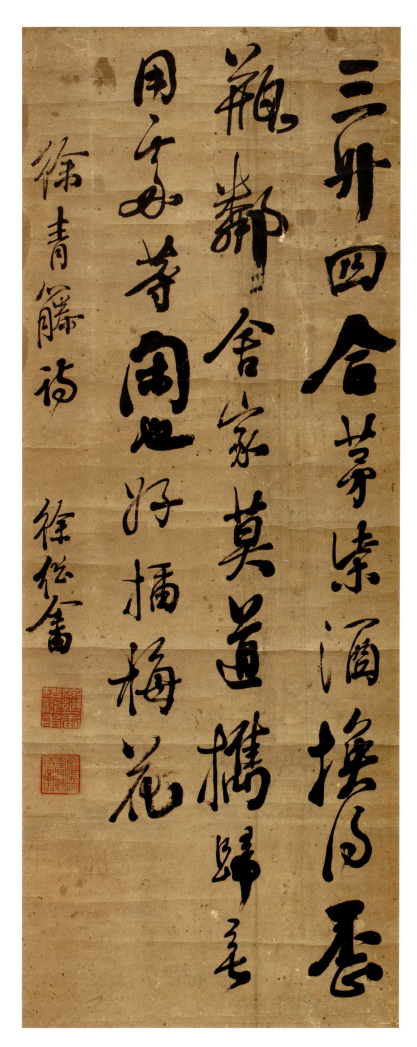

徐继畬　行书七言联

清
纸本
纵 130 厘米，横 31 厘米
1963 年山西省太原市征集

"晴窗坐展来禽帖，茗碗闲谈相鹤经。"
款"松龛徐继畬"，钤"臣徐继畬""健
男氏号松龛"两方印。

徐继畬　行书徐渭诗轴

清
纸本
纵 91.5 厘米，横 36 厘米
旧藏

"三升四合茅柴酒，换得歪瓶邻舍家。
莫道携归无用处，等闲也好插梅花。"
款"徐青藤诗，徐继畬"。钤"徐继畬松
龛甫""曾为史官转侍御史"两方印。

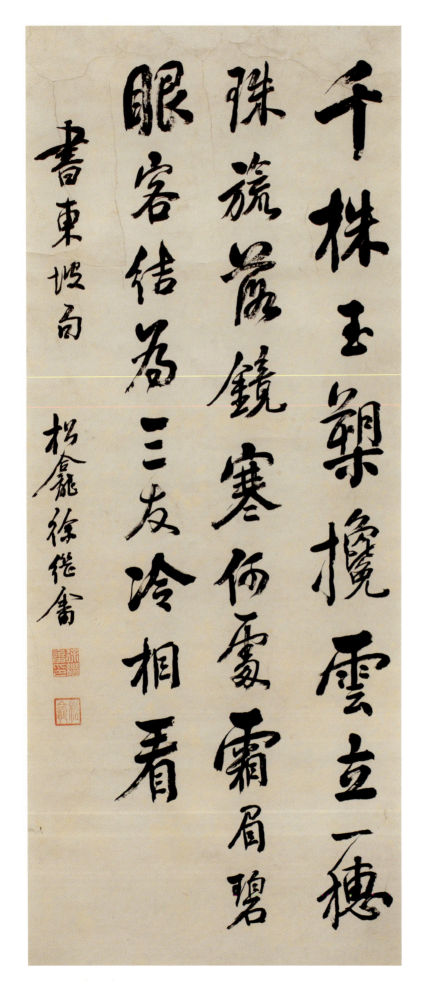

徐继畬　行书苏轼诗轴

清

纸本

纵 128 厘米，横 59 厘米

1960 年山西省太原市征集

行书苏轼《佛日山荣长老方丈五绝
之二》："千株玉槊挽云立，一穗珠
旒落镜寒。何处霜眉碧眼客，结为
三友冷相看。"款"书东坡句，松龛
徐继畬"。钤"徐继畬印""松龛"
两方印。

徐继畬　楷书七言联

清

纸本

纵 125 厘米，横 29 厘米

常赞春先生捐献

"蕲竹水翻台榭湿，桐花风软管弦
清"。款"星查三兄大人法正，松龛
弟徐继畬"。钤"松龛继畬""五台
徐氏""种松草堂"三方印。

斲竹水翻臺榭濕

桐花風軟管絃清

星查三兄大人法正

松龕弟徐继畬

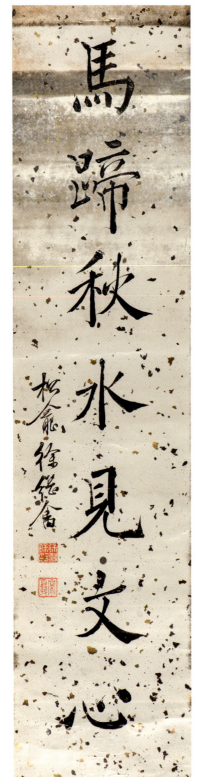

徐继畲　行书七言联

清

纸本

纵 134 厘米，横 32 厘米

1954 年马鑫先生捐献

"鸿爪雪泥空迹相，马蹄秋水见文心。"款"一斋大兄大人雅正，松龛徐继畲"。钤"徐继畲印""松龛"两方印。

徐继畲　楷书八言联

清

纸本

纵 152 厘米，横 34 厘米

1954 年马鑫先生捐献

集峄山碑字联："日有所思经史如诏，久于其道金石为开。"款"瑞图大兄大人雅属，松龛徐继畲"。钤"徐继畲印""松龛"两方印。

久於其道金石為開

日有一師思經史如詔

瑞圖大兄大人足屬

松龕徐繼畬

冯志沂　行书八言联

清

纸本

纵 201.5 厘米，横 40 厘米

1962 年山西省太原市征集

冯志沂（1814~1867年），字鲁川，亦字述仲，号柏泉、西陌山人，代州（今山西代县）人。清道光十六年（1836年）进士，授刑部主事。历任安徽庐州府知府、徽宁池太广道按察使。其生性耿直，为官清廉，笃志于学，兼工于诗。著有《西陌山房全集》《微尚斋诗文集》《适适斋文集》。

"落叶半床狂花满屋，流水今日明月前身。"款"鲁川冯志沂"，钤"冯志沂印""鲁川"两方印。

冯志沂　隶书四条屏

清

纸本

纵 134.5 厘米，横 29.5 厘米

1961 年山西省介休县征集

临《娄寿碑》《延年镜铭》《杜陵壶铭》《丙午钩铭》。款"甲寅六月，大兄大人俾作隶书，弟沂"。钤"臣志沂印""鲁川""家在雁门滹沱之间"三方印。另钤"平时常得醉工夫""松月夜窗虚""高谈转清"等鉴藏印。

若夫追述远代、代远多伪。公羊高云传闻异词。荀况称录远略近。盖文疑则阙，贵信史也。俗皆爱奇，莫顾实理

伟庭贤棣属沂

冯志沂　行书轴

清
纸本
纵 164 厘米，横 44.5 厘米
旧藏

节录《文心雕龙·史传》："若夫追述远代，代远多伪。公羊高云传闻异词。荀况称录远略近。盖文疑则阙，贵信史也。俗皆爱奇，莫顾实理。"款"伟庭贤棣属沂"，钤"鲁川"印。

冯志沂　隶书六言联

清
纸本
纵 83.5 厘米，横 20 厘米
1962 年山西省太原市征集

"作天际真人想，向山阴道上行。"款"少铭尊兄大人正，弟冯志沂"。钤"冯鲁川""志沂私印"两方印。

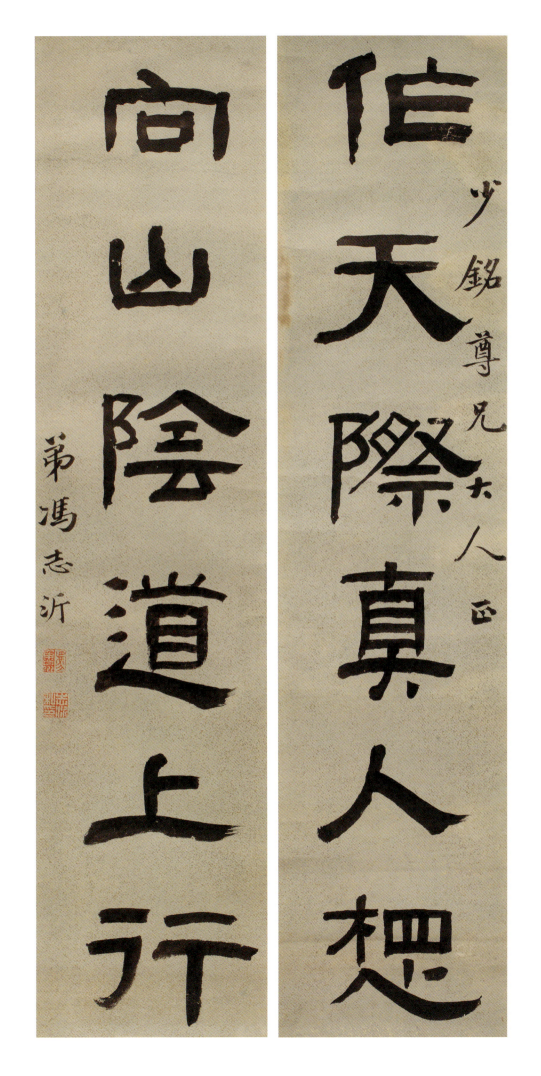

伫天際真人想

尚山陰道上行

少鉊尊兄大人正

弟馮志沂

澄水不清濁坐不濁

石儒三兄大人　正篆

古人与稽今人与析

弟馮志沂

冯志沂　篆书八言联

清
纸本
纵 160.9 厘米，横 42 厘米
1960 年北京市征集

"澄之不清挠之不浊，古人与稽
今人与居。"款"石仙三兄大人
正篆，弟冯志沂"。钤"鲁川志
沂""西后宿山樵"两方印。

王　轩　行书七言联

清
纸本
纵 135.5 厘米，横 31 厘米
常赞春先生捐献

王轩（1823～1887年），字霞举，
号顾斋，晚年或署壶翁，山西洪
洞人。清同治元年（1862年）进
士，官兵部主事。清代著名学者，
在诗文、书法、金石等方面均有建
树。总纂《山西通志》，著有《檽
经庐诗集》《顾斋遗集》《山西疆
域沿革图谱》等。

"彝鼎图书自典重，珊瑚碧树交
枝柯。"款"味笙二兄大人雅属，
台翁王轩"。钤"顾斋""王轩之
印"两方印。

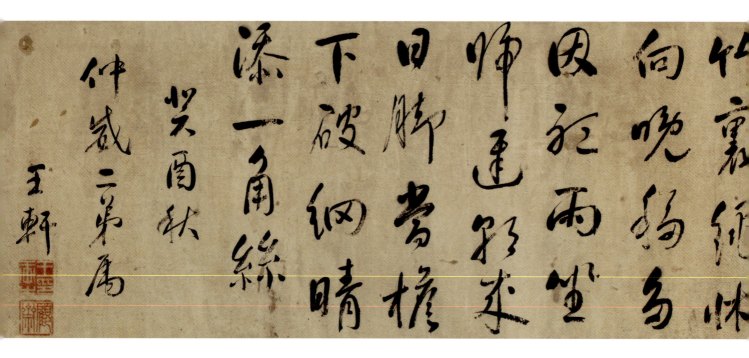

王　轩　行书七言诗横幅

清

纸本

纵 34.5 厘米，横 87 厘米

常赞春先生捐献

"竹里绳床向晚移，多因红雨坐归迟。朝来日脚当檐下，破纲晴添一角丝。"款"癸酉秋仲威二弟属，王轩"。钤"王轩之印""顾斋"印。"癸酉"为清同治十二年（1873年）。

董文涣　汉书下酒图卷

清

纸本　设色

纵 28.7 厘米，横 57.5 厘米

1961 年董寿平先生捐献

董文涣（1833～1877年），字尧章，号研秋、研樵、砚樵，山西洪洞人。清咸丰六年（1856年）进士，著名的诗人、诗律学家。著有《岘樵山房诗》《貘姑射山房诗集》《集韵编雅》《声调四谱图说》等，其中《声调四谱图说》堪称清代声律研究集大成的著作。

画题："借酒消块垒，块垒多于酒。所以书下之，两汉不去乎。读过千百遍，饮可五六斗。掩卷卧北窗，沉醉夫何有。"款"光绪元年初夏戏题汉书下酒图，研秋董文涣"。钤"研樵诗草"印。右下角钤"董揆鉴藏"印。卷后有李景豫题跋。

経各有緯易之通卦驗是
慮謀尚書之中候誼之會是
神霧禮之含文嘉春秋之會
合誠圖元命芭

大瞉則不嗌然而笑是故高言不言皇
琴止吟心之笑是至里耳折楊皇
此俗言滕也

榴皮佗字苦禹書傥八游
獻信有之磨墨一斗文八
紙狂艸須讓楊風子

禮齋二兄同年大人屬正　弟楊篤

杨　笃　隶书六条屏

清
纸本
纵80.5厘米，横28厘米
旧藏

杨笃（1834~1894年），字巩同，一字雅利，别署琴如，号秋湄，别号北屈，或署虹麋道人、吕香真逸，晚号东溆老人，山西乡宁人。晚清著名史志学家、书法家、金石学家和诗人。

节录《汉书·艺文志》《史记·司马相如列传》《列女传》《庄子》《文心雕龙义证》《草书大研铭》。款"礼斋二兄同年大人属正，弟杨笃"。钤"杨笃私印""秋湄""金石刻画臣能为"等印。

太史試學童能諷籀書九
千字以上乃得為史又以
六體試課冣者以為尚
書御史二書令史

伍回陰山翔呂紅曲亏吾
乃令曰睦西母曤然白首
戴勝而穴雯亏亦牽有三
足烏為之使

歙小罷投諸台食獵大組
羊羊雲之合是思之藏我
羊二有母食我以桐魚廚
纓不足帶有餘

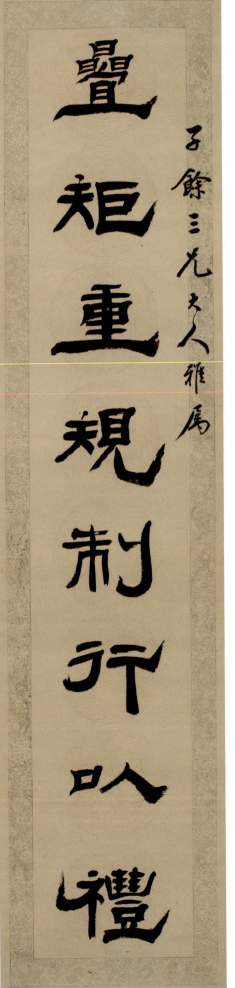

子餘三兄大人雅屬

疊矩重規制作仿人禮

九經廿史稽古為文

屺廔楊篤集乙瑛碑字

杨　笃　隶书集乙瑛碑字联

清
纸本
纵 164 厘米，横 37.5 厘米
1953 年山西省太原市征集

"叠矩重规制行以礼，九经廿史稽古为文。"款"子余三兄大人雅属，虹麋杨笃集乙瑛碑字"。钤"臣杨笃印""虹麋"两方印。

杨　笃　篆书七言联

清
纸本
纵 128 厘米，横 28 厘米
旧藏

"行不得反求诸己，躬自厚薄责于人。"款"此二语贺耦耕中丞所集也，然完白山人亦尝书之，在中丞前矣。雨三五兄大人属篆，仿山人笔意，殊不似也，己丑嘉平杨笃秋湄"。钤"臣杨笃印""虹麋"两方印。此联曾经张尔绩藏，钤"尔绩家藏"印。

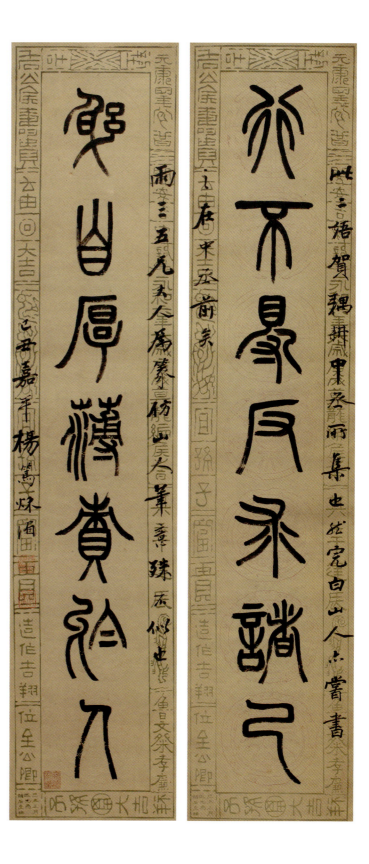

漢祀三公山碑乾隆甲午出於元氏
縣與漢銅鼏字體相
字乃無汶之古
或謂為篆殆非王十初籀攙櫺奉
倡石安四兄大人法正楊蔿

杨　笃　隶书祀三公山碑轴

清

纸本

纵 136 厘米，横 67 厘米

1953 年山西省太原市征集

"以三公德广，其灵尤神，处幽道艰，存之者难，卜择吉治，东就衡山，起堂立坛，双阙夹门，荐牲纳礼。"题"汉祀三公山碑乾隆甲午出于元氏。字乃无波之古隶，与汉铜器字体相似，或谓为篆，殆非。壬午初秋抚，奉石安四兄大人法正，杨笃"。钤"依样葫芦无有是处""秋湄"两方印。另钤"张尔绩"藏印。

杨　笃　行书轴

清

纸本

纵 165 厘米，横 38 厘米

1956 年张会斗先生捐献

"山川之美，古来共谭。高峰入云，清流见底。两岸石壁，五色交辉。青林翠竹，四时具备。晓雾将歇，蝯鸟乱鸣。夕日欲颓，沉鳞竞跃。实是欲界之仙都。"款"杨笃"，钤"杨笃私印""虹㢆"两方印。

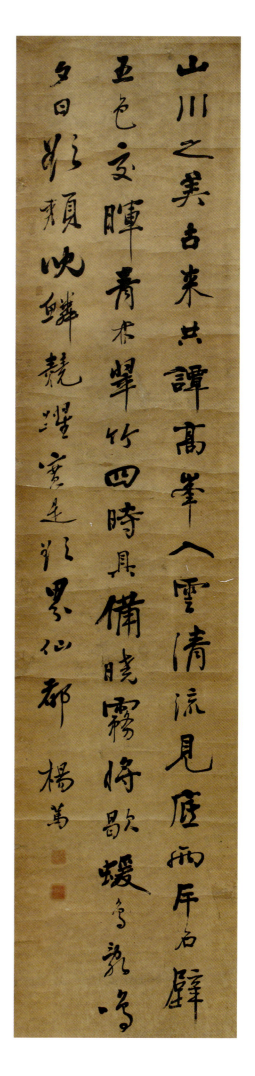

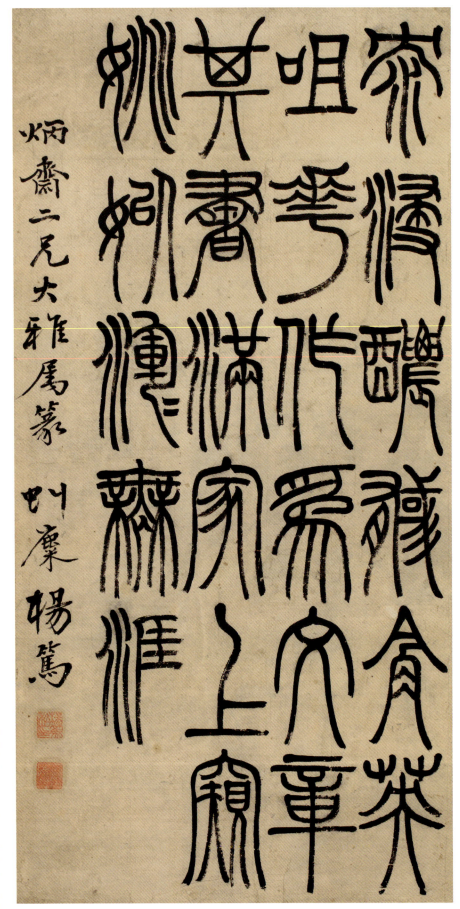

杨 笃

篆书韩愈进学解句轴

清

纸本

纵 73 厘米，横 37 厘米

1960 年山西省太原市征集

"沉浸浓郁，含英咀华。作为文章，其书满家。上窥姚姒，浑浑无涯。"款"炳斋二兄大雅属篆，虹麋杨笃"。钤"杨笃私印""虹麋"两方印。

温忠翰

仿华喦忘忧多子图轴

清

纸本　设色

纵 76.5 厘米，横 38.2 厘米

旧藏

温忠翰（生卒年不详），山西太谷人。清同治元年（1862年）探花，历任翰林院编修、湖南学政、乙亥科四川副主考、浙江温处兵备道、湖北按察使等。擅抚琴，精书法，能诗文。著有《名翰心赏集》《古诗欣赏集》《红叶庵诗文集》等。

绘萱草、寿石、石榴，寓意多子长寿。画题"忘忧多子图，丙寅仲春仿新罗山人本，味秋温忠翰"。钤"温忠翰印""味秋"两方印。

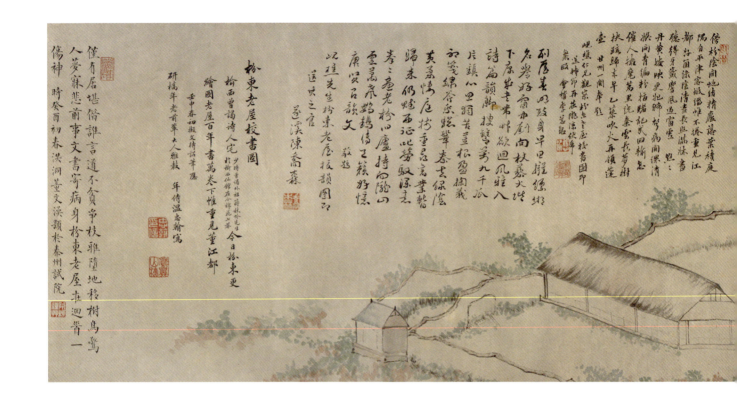

温忠翰　枌东老屋校书图卷

清

纸本　设色

纵 32 厘米，横 129 厘米

1961 年董寿平先生捐献

描绘董文涣在其书斋枌东老屋校书的场景。画题"枌东老屋校书图"。诗云："榆西曾谒诗人宅，今日枌东更绘图。老屋百年书万卷，下帷重见董江都。"款"壬申春初拟文待诏笔，应研桥年老前辈大人雅教，年侍温忠翰写"。钤"忠翰印信""凤翼山樵"两方印。"壬申"为清同治十一年（1872年）。画上有李慈铭、陈乔森、董文涣、张之洞、王懿荣、潘祖荫等人题跋。

温忠翰　玉泉院听泉图轴

清

纸本　设色

纵 133.5 厘米，横 42.5 厘米

1955 年张坚先生捐献

绘重峦叠嶂，飞瀑流泉，林舍掩映，呈现出可居可游、风景幽然之景。画题"玉泉院听泉图"。诗云："百尺松阴万斛泉，晚钟楼阁湿苍烟。几人尘海饶清兴，小住名山亦夙愿。阅世炎凉参佛果，旧游踪迹证诗禅。定知此去重相访，任取清溪水石边。"款"壬申仲春写应研樵年老前辈大人雅教，年侍温忠翰并题"。钤"味秋""忠翰印信"两方印。

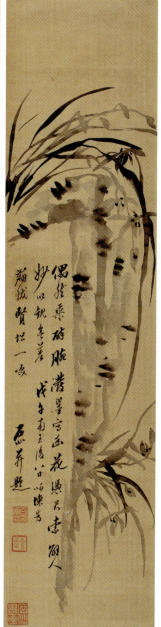

白恩佑 兰石四条屏

清

绢本 墨笔

纵 81 厘米，横 20.2 厘米

1963 年山西省太原市征集

白恩佑（生卒年不详），字兰岩，字淑启、启南，号石仙，晚署石翁，山西介休人。清道光二十七年（1847年）进士，历官礼部郎中、江南道御史、湖南道法道等。工书画、诗文，擅画山水、花卉。著有《进修堂诗集》《进修堂奏稿》等。

绘各式形态兰草。款题"偶然乘醉腕，泼墨写幽花。凭君索解人，妙以观参差。戊午南至后八日，呵冻为麟绂贤坦一笑，石仙并题"。钤"白恩佑印""兰岩""石仙书画""白""石仙"等方印。

著書不復窺園葵

浮句會應緣竹鶴

星齋一兄先生屬

臥雲白恩佑

白恩佑　行书七言联

清

纸本

纵 132 厘米，横 32 厘米

1954 年马鑫先生捐献

集苏轼诗句联："得句会应缘竹鹤，著书不复窥园葵。"款"星斋一兄先生属，卧云白恩佑"。钤"白恩佑印""兰岩"两方印。

杨深秀　仿米山水轴

清
绢本　墨笔
纵 57.5 厘米，横 27 厘米
旧藏

杨深秀（1849~1898年），字漪邨，一作仪村，号叇叇子，山西闻喜人。清光绪十五年
（1889年）进士，累官监察御史，"戊戌六君子"之一。工诗文、书画。著有《雪虚声堂
诗钞》《杨漪村侍御奏稿》《闻喜县新志》等。

以米点皴绘云山，呈现出烟雾迷蒙氤氲之气。款"丁丑长夏仿海岳外史法于京邸，向
甫大哥大人法嘱即政，如小弟深秀"。钤"漪""邨""此身合是诗人未"三方印。"丁
丑"为清光绪三年（1877年）。

仿元人筆意為

雨翁仁兄大人　雅屬

漆春楊深秀

杨深秀　山水横幅

清
纸本　设色
纵 51 厘米，横 82 厘米
1953 年山西省太原市征集

"画师词客两通灵，标榜人多拟孟亭。至竟前身疑太白，写山都带谢家青。"款"壬辰正月予在申江为渭溪大哥姻世讲书家属正，仪村杨深秀并题"。钤"臣杨深秀"方印。

杨深秀　仿元人山水轴

清
纸本　墨笔
纵 70.7 厘米，横 38.5 厘米
1959 年征集

构图用笔仿元人，干笔淡墨皴擦，浓墨点苔，用笔简洁疏朗。款"仿元人笔意为雨翁仁兄大人雅属，漪春杨深秀"。钤"深秀画印"方印。

杨深秀　山水轴

清

纸本　墨笔

纵 103 厘米，横 38.5 厘米

旧藏

画赠杨笃（号秋湄）。款"李长蘅有
此本，秋湄仁兄大人属正，弟杨深
秀作于都门"。钤"深秀画印"。

杨深秀　山水横幅

清

纸本　墨笔

纵 35.5 厘米，横 60.7 厘米

1959 年征集

题"晓山大兄大人属政，戊寅冬初弟杨深
秀画"。钤"漪邨"。"戊寅"为清光绪四年
（1878年）。

杨深秀　行书七言联

清

纸本

纵 150 厘米，横 33.5 厘米

1957 年山西省闻喜县征集

"云在霄威凤绚采，露被野嘉禾遂生。"款
"桐君仁兄大人正腕，仪村杨深秀"。钤"臣
杨深秀""艺莼"两方印。

雲在霄威鳳絢采

露被野嘉禾遂生

桐君仁兄大人正腕

儀村楊深秀

杨立阜 山水轴

清

绢本 设色

纵 119 厘米，横 40.5 厘米

1955 年张坚先生捐献

杨立阜（生卒年不详），字次山，山西太原人。清末民初著名画家、文学家，工画山水、竹石。

画面构图严谨，设色淡雅，笔墨干湿有致。款"拟蒙泉外史法画，应尔绩仁兄雅属，杨立阜"。钤"次山"印。

杨立阜 仿周少白芭蕉图轴

清

纸本 设色

纵 144 厘米，横 41 厘米

旧藏

题款"书窗蕉叶雨，秋圃雁来红。曾见周兰西有此本，略师其意。次山并题。照普姻世讲雅赏，乙亥春仲杨立阜持赠"。钤"杨立阜""次山"两方印。

张凤翔　草书横幅

清

纸本

纵 109.5 厘米，横 179 厘米

旧藏

张凤翔（生卒年不详），字丹崖，太平（今山西襄汾）人。清嘉庆十三年（1808年）举人，道光六年（1826年）进士，任阳曲县训导，书法摹钟、王，晚年主东雍书院。

草书王澍《论书賸语》："摄天地和明之气入指腕间，方能与造化通，而尽万物之变态。然非穷极古今，一步步脚踏实地，习久之至，于纵横变化无适不当，必不能地负海涵，独扛百斛。故知千里者，跬步之积，万仞之移。临古须透一法，翻一局，乃适得其正。古人言：'智过其师，方名得髓。'"款"丹崖张凤翔"，钤"张凤翔印""千仞"两方印。

赵 济 指画螽斯衍庆图轴

清
纸本 设色
纵 93.7 厘米，横 43.5 厘米
1963 年山西省太谷县征集

赵济（生卒年不详），字巨川，号桐舟，
又号聋道人，山西太谷人。赵铁山的叔
祖。工山水、花鸟、人物。尤擅指画，
是清末三晋驰名的指画家。

画家以"螽斯衍庆"为题，寓多子多
福。"螽斯衍庆"语出《诗经》。题款
"螽斯衍庆，己未中秋事写于古箕清类
书屋南窗之下，聋道人赵济指墨"。钤
"济""桐舟""桐舟六十以后作"三
方印。

赵 济 指画仕女图轴

清
纸本 设色
纵 132.8 厘米，横 64 厘米
1963 年山西省太原市征集

绘一仕女手捧玉壶春瓶，女子点绛朱
唇，体态婀娜，裙袂飘飘。隶书题"玉
壶春暖酒进袭养年人"。款"时在壬
子暮春写于千甓楼以应阁臣仁兄大
人雅正，赵济巨川指写"。钤"赵济之
印""巨川"两方印。

玉壺春暖酒進襲養美人

時在壬子暮春寫於千毫樓以應

閣臣仁兄夫人雅正

趙澐石川指寫

赵凤瑞　花鸟图轴

民国

纸本　设色

纵 137.5 厘米，横 33.5 厘米

1953 年山西省文管会移交

赵凤瑞（1858~1943年），字岐卿，又字岐峰，晚号清凉老人，室名甓勤斋，山西五台人。山水、人物、翎毛、花卉俱所擅长，尤工人物。

题记："曾见白云外史画本，余窃爱之，辛亥秋日略师其迹象，其神解独到处，未能得其万一耳。"款"岐卿"，钤"岐卿"印。

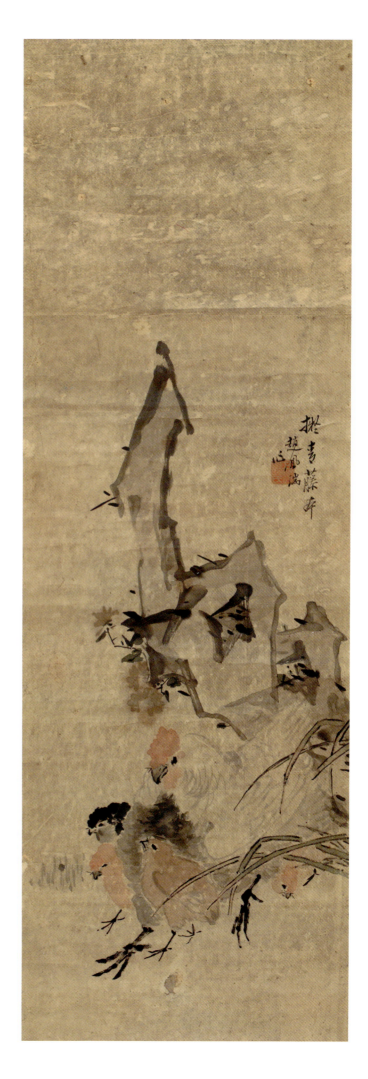

赵凤瑞　鸡石图轴

民国
纸本　设色
纵 93 厘米，横 31.5 厘米
旧藏

仿徐渭笔意，落笔苍老，点染简洁，物象
生动。款"拟青藤本，赵凤瑞作"。钤"五
台赵氏"方印。

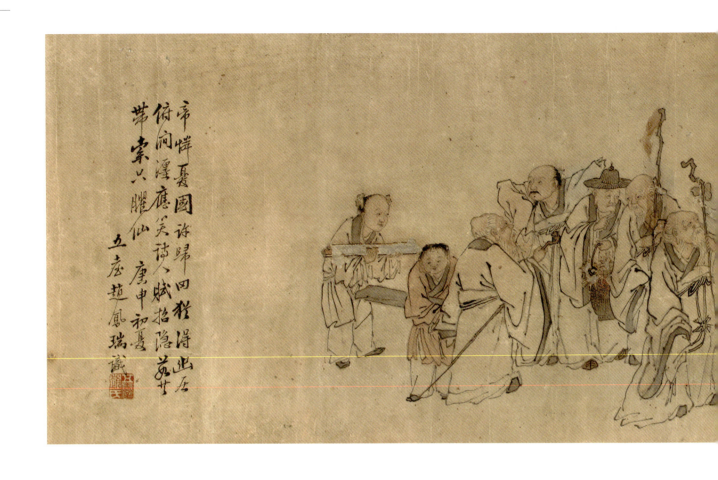

赵凤瑞 九老图横幅

民国

纸本 设色

纵 34 厘米，横 119 厘米

1961 年山西省太原市征集

图以"香山九老"为素材，线条流畅，人物形神生动。题款"帝怜忧国
许归田，犹得幽居俯涧瀍。应笑诗人赋招隐，茹芝带索只臞仙。庚申初
夏五台赵凤瑞识"。钤"五台赵氏"印。

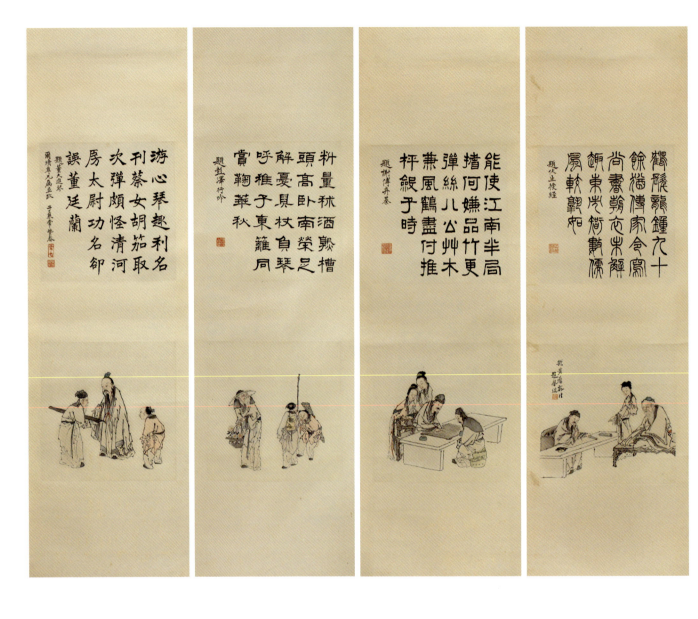

赵凤瑞　人物四条屏

民国

纸本　设色

纵 79.5 厘米，横 36.5 厘米

1955 年张坚先生捐赠

绘彭泽行吟、董大进琴、谢傅弈棋、伏生授经，人物线条劲健，栩栩如生。款"拟黄瘿瓢法，赵凤瑞"。钤"赵凤瑞章"。

赵凤瑞　睢阳五老图轴

民国

纸本　设色

纵 138.2 厘米，横 68 厘米

旧藏

图绘睢阳五老，题记："宋冯平与杜衍、王焕章、毕世长、朱贯，咸以耆德挂冠，优游桑梓间。暇日宴集，赋诗云：'醉游春圃烟霞暖，吟听秋潭水石寒。'时人谓之睢阳五老。"款"庚午秋为文轩大雅属正，五台赵凤瑞作，时年七十有三"。钤"岐卿""赵凤瑞印"两方印。

赵凤瑞　花鸟图轴

民 国
纸本　设色
纵 137.5 厘米，横 33.5 厘米
旧藏

图中桃红柳绿，燕子呢喃，设色清雅。款
"摹十三峰草堂笔意，岐卿作"。钤"五台
赵氏"印。"十三峰草堂"指清乾隆、嘉庆
年间的画家张赐宁。

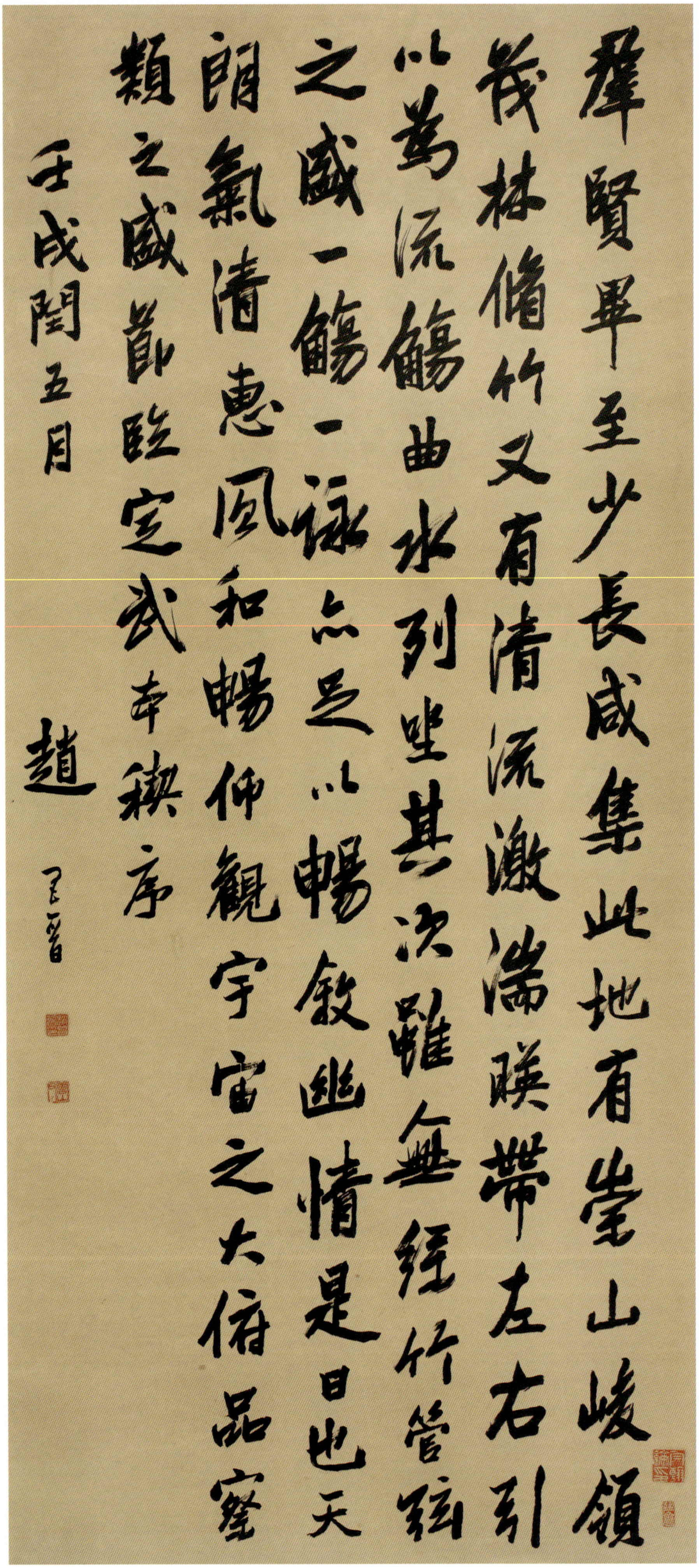

群賢畢至少長咸集此地有崇山峻嶺
茂林脩竹又有清流激湍暎帶左右引
以為流觴曲水列坐其次雖無絲竹管絃
之盛一觴一詠亦足以暢敘幽情是日也天
朗氣清惠風和暢仰觀宇宙之大俯品窒
類之盛節臨定武本禊序
壬戌閏五月

趙〔署名〕

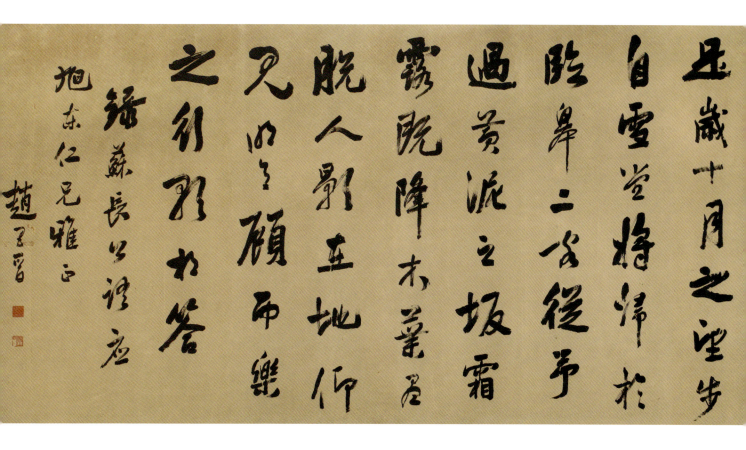

赵昌晋　行书苏轼后赤壁赋横幅

民国

纸本

纵 67 厘米，横 135 厘米

1961 年山西省太谷县征集

行书《后赤壁赋》："是岁十月之望，步自雪堂，将归于临皋。二客从予，过黄泥之坂。霜露既降，木叶尽脱，人影在地，仰见明月，顾而乐之，行歌相答。"款"录苏长公语，应旭东仁兄雅正，赵昌晋"。钤"赵昌晋印""云山父"两方印。

赵昌晋　行书轴

民国

纸本

纵 133 厘米，横 63.5 厘米

1963 年山西省太谷县征集

赵昌晋（1871~1923年），字云山，号懒真，亦号懒真道人、大佛山人，山西太谷人。赵昌燮胞兄。清光绪二十年（1894年）举人。嗜金石书画，书法尤长，晚年专攻二王书法。

节临定武本《禊序帖》。款"壬戌闰五月赵昌晋"，钤"赵昌晋印""云山父"方印。壬戌为1922年，此为赵昌晋晚年作品。

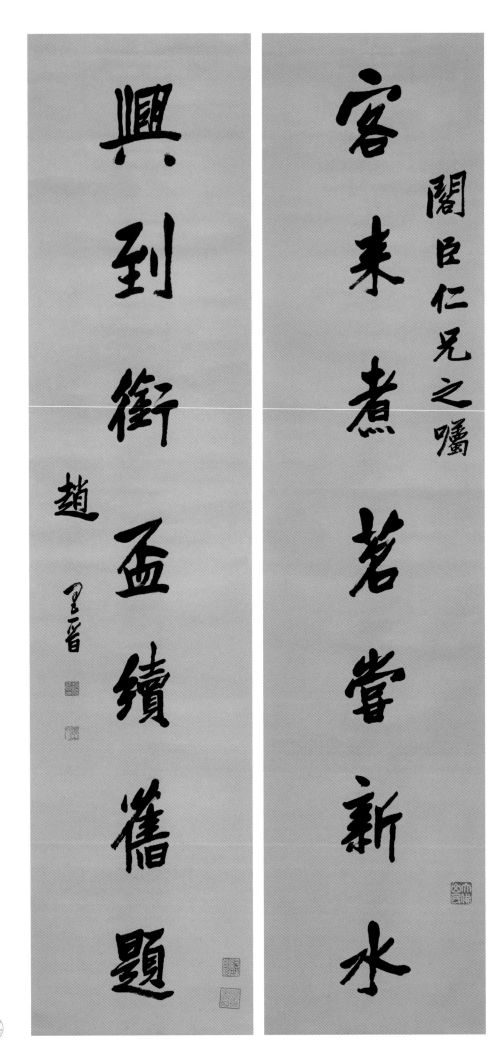

客来煮茗尝新水

兴到衔杯续旧题

阁臣仁兄之嘱

赵盂晋

赵昌晋　行书七言联

民国
纸本
纵129厘米，横29.5厘米
1963年山西省太谷县征集

"客来煮茗尝新水，兴到衔杯续旧题。"款"阁臣仁兄之嘱，赵昌晋"。铃"赵昌晋印""云山父""大佛山民"三方印。

赵昌晋　行书七言联

民国
纸本
纵131.5厘米，横31厘米
1962年山西省太原市征集

"林间暖酒烧红叶，石上题诗扫绿苔。"署款"赵昌晋"，铃"大弗山人"等三方印。

赵昌燮　荷花图轴

民国

纸本　墨笔

纵 134 厘米，横 32.5 厘米

1962 年山西省太原市征集

赵昌燮（1877~1945年），字铁山，亦字惕三、错铁，号汉痴，别号絅斋，六十一岁后更名字燮，字省斋，又署旧铁，晚年号柴翁，又号子然，或署汉持道人、隐庵主人，山西太谷人。清宣统元年（1909年）拔贡。精研经史诗文、目录考据、金石书画，尤长书法，四体皆精，在清末民初的华北书坛有很大影响。

绘数株荷花，墨色浓淡相间。题诗："远送香风出素帷，一泓秋水映涟漪。不将半点胭脂色，凭净何妨别艳欺。"款"惕三叔子"，钤"赵叔子""铁三""心隐盦"三方印。

赵昌燮　指画谪仙诗意图轴

民国
纸本　墨笔
纵 101 厘米，横 31 厘米
旧藏

指画李白斗酒，笔法简练。题"斗酒百篇。摹
海上清溪樵子画法，作于并垣之双藤别墅，
石癖生指痕"。钤"石癖"方印。

或問學者尊生與，曰然。學者治生與，曰然。夫學將育生與，育者能外以遍平其情邇家尊生，學者治生在能……

不游學身自能欲邇平情家生
遠故學學而事而節用治
其中矣學以数事而節用
在其中矣

乙亥首夏　趙鐵山書

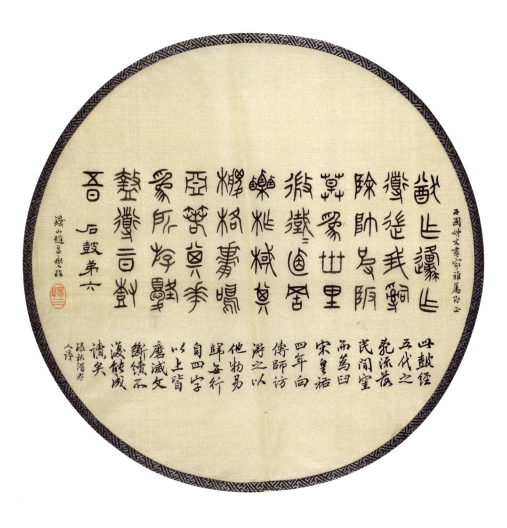

赵昌燮　临石鼓文扇面

民国
绢本
直径 25 厘米
1963 年山西省太原市征集

录石鼓文第六。题记："此鼓经五代之乱，流落民间，窒而为臼。宋皇祐四年向传师访得之，以他物易归。每行自四字，以上皆磨灭，文断续不复能成读矣。录秋湄老人识"。款"子固姊丈书家雅属即正，铁山赵昌燮临"。钤"惕三"方印。

赵昌燮　隶书耻言句轴

民国
纸本
纵 105.5 厘米，横 48 厘米
1953 年山西省太原市征集

"或问：'学者尊生与？'曰：'然。''学者治生与？'曰：'然。'夫学，将有以济也，内不济身焉能外？迩不济家焉能远？故学以寡欲而平情，尊生在其中矣；学以敏事而节用，治生在其中矣。"行书款"乙亥首夏，赵铁山书"。钤"赵骨印信""旧铁长寿"两方印。

素琴仁兄大人雅正

漫言壯氣藐諸俟騎馬東來已倦游肯戀
金尊靈皓月自攜鏡笛上高樓浮雲散盡
天遠逵坒尌重逺客久雷回首京華徒杖
目故人書信隔三秋李湈翁任城客樓詩

鵁人唱令宵膝眹
里關山同壹萬
膝十年厨竆
片帆官柳古牆燈
一龕炷雲中堂而

響三督殘竆惡鎧
人起誰云茇又
晦三督殘竆惡鎧

清宵語久燭頻移腮外雅嘶二
欲睞遑四海逢人皆逆旅十年
騎馬摠悲嘶蒼茫索醉廛頭酒
鏘莫言懷梦裏誑春色今年又
零落清明庭院雨如絲自扶藜杖
說半生却笑霜頣老更成來猪隣
家飼老馬蕭三侶麛時鳴書似

早還耿耿復曉
情撩亂賀何
懷還耿耿復曉

山房詩一首

弟趙昌燮鐵山

布局沉稳，四种书体巧妙布置。款"素琴仁兄大人雅正，弟赵昌燮铁山"。
钤"晦迟"方印。

赵昌燮　四体书扇面

民国
绢本
直径 26 厘米
1963 年山西省太原市征集

赵昌燮　行书王文治诗扇面

民国

绢本

直径 25 厘米

1963 年山西省太原市征集

款"少元一兄大人哂正，己亥端阳后三日节录梦楼太守焦山倡和诗于松云韵舍之蕉
窗，铁珊赵昌燮"。钤"昌燮"方印。"己亥"为清光绪二十五年（1899年）。

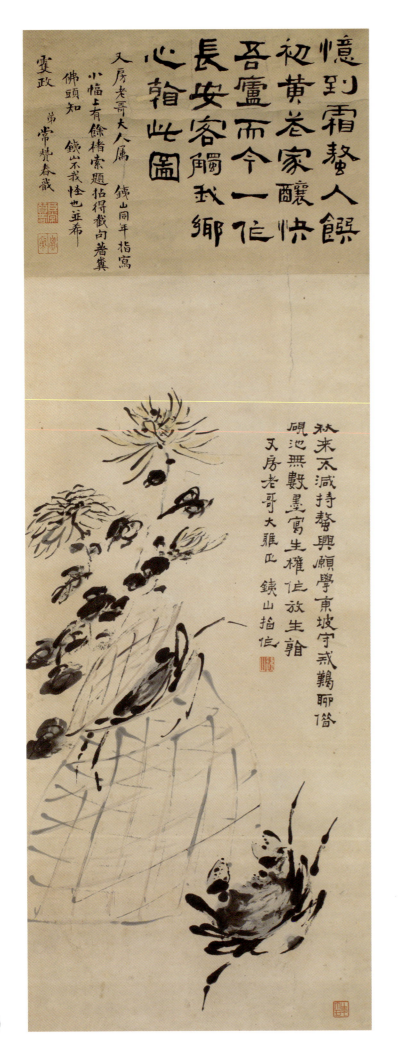

赵昌燮　指画菊蟹图轴

民国
纸本　设色
纵 87 厘米，横 31 厘米
1962 年山西省太原市征集

布局动静结合，画家抓住了螃蟹爬出篓子的瞬间，极具生活气息。款题："秋来不减持螯兴，愿学东坡守戒难。聊借砚池无数墨，写生权作放生看。又房老哥大雅正，铁山指作。"下钤"铁山""生于丁丑"印。诗堂有常赞春题跋。

赵昌燮　临小臣守簋盖铭轴

民国
纸本
纵 140 厘米，横 70 厘米
1962 年山西省太原市征集

临《小臣守簋盖铭》："隹五月既死霸，辛未，王事小臣守事于夷，宾马两，金十均。守敢对杨天子休令，用作铸引中宝殿，子子孙孙永宝用。奇觚室吉金文述所收守敦铭。"款署"辛未菊花时节抚于心隐行盦，赵昌燮"。钤白文"赵昌燮""铁山"两方印。

齊龕室吉金文述一册收守敦銘

辛未菊花時節撫于心隱行盦趙昌燮

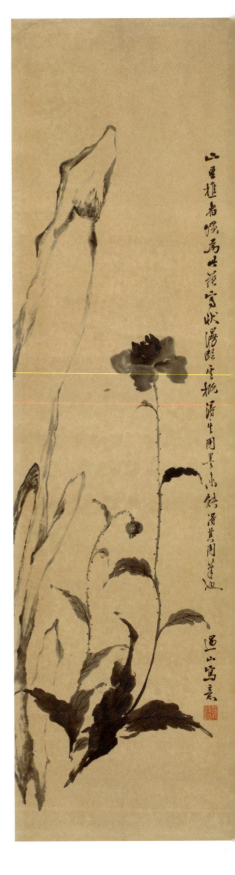

赵昌燮　花卉四条屏

民国

纸本　墨笔

纵 134.5 厘米，横 38.5 厘米

1963 年山西省太原市征集

绘牡丹、虞美人、菊花、水仙。画面简洁而富有韵味。

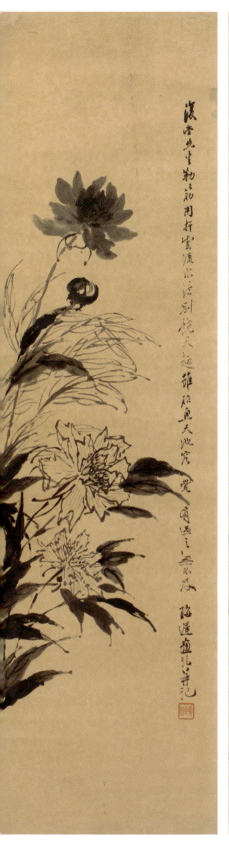
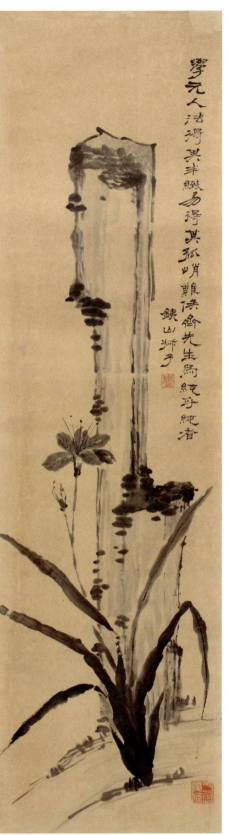
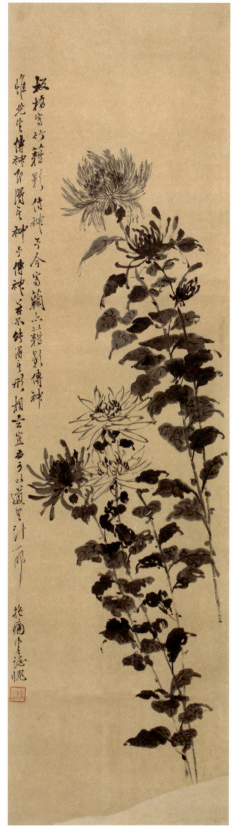

赵昌燮　楷书急就章册

民国
纸本
纵 17.3 厘米，横 23.3 厘米
1963 年山西省太谷县征集

十二开。款"己未冬初，读礼庐居照先生正本书大小楷各一通，聊以寄痛意不在书也"。钤"铁山""汉痴书画""心隐盦"方印。

之二

蕭彭祖屈宗談樊愛君崔孝襄姚得
第四揜容調柏杜揚曹富賁李尹桑
皇許終古賁友倉陳九始韓魏唐
偏呂張魯賀憙灊宜王程忠信吳仲
恩舒路正陽灊聖宮顏文章笇財麻
尤柳堯舜藥禹湯馮于登費通光柏
伊嬰齊　第三翟回慶畢稺李昭小
何傷師猛禽石殹當所不侵龍未央
國崇惠常烏承祿令狐橫朱文便孔
董奉德桓賢良任逢時俠仲郎由廣
眇房郝利親馮漢彊戴護郡景君明

之一

急就章　漢黃門令史游篆 [印]
第一急就奇觚與眾異羅列諸物名姓
字分別部居不雜廁用日約少誠快意
勉力務之必有憙請道其章宋延年
鄭子方衛益壽史步昌周千秋趙孺卿
爰展世高辟兵　第二鄧萬歲秦

之十二

臨淮集課錄依恩汙擾貪者寧　第
赦救解賍秩祿邯鄲河間沛巳蜀潁川
江水淫渭術街曲筆研投筭膏火燭賴
憂念緩急悍勇獨遝盲省察諷諫讀
賦枉寃忿怒仇　第卅讒諛詿爭語相抵觸
直錢服瑣愉賞與繒連貰貸賣買販
第八絳緹縑紬絲絮縣蛇幣囊橐不
綺羅縠襜潤鮮綿雜繡練素帛蟬
鯸綠紈皁紫硯燕粟絹紺繒紅繓
雞翹氅翁濯靡金半見霜白蓍縹
鍾華饋樂豹瑇落莽兔雙鶴春草
第七錦繡縵旄離雲爵棗風縣
定孟伯徐咸軻敢錡蘇耿潘尼
尊偃憲義渠蔡游威左地餘譚平
申屠夏俯俠公孫都慈仁他破胡虜
軍橋竇陽原輔福宣棄奴殹滿息充
功武和昌　第六褚回池蘭偉房減罷

之三

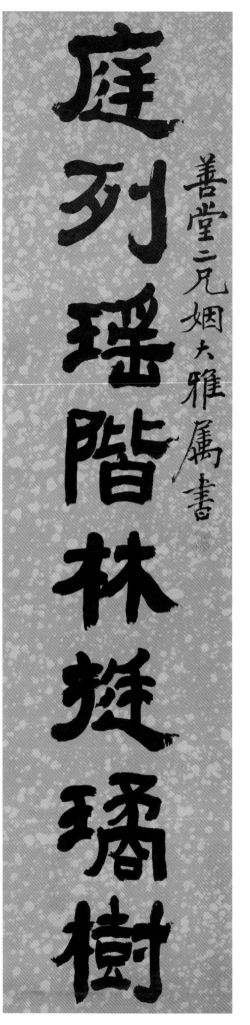

庭列瑤階林挺琚樹

善堂二兄姻大雅屬書

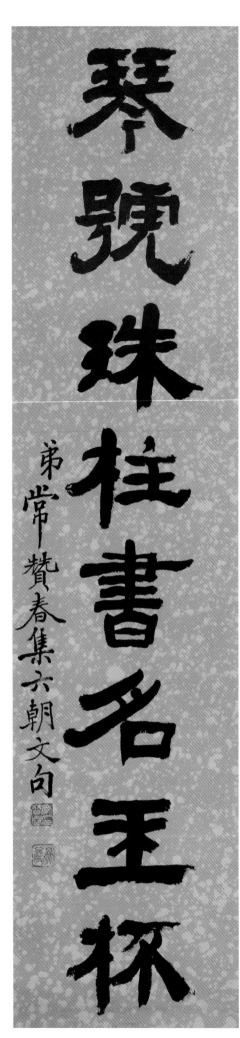

琴號珠柱書名玉杯

弟常贊春集六朝文句

常赞春　临石门颂横幅

民国

纸本

纵 34 厘米，横 95 厘米

旧藏

"至于永平，其有四年，诏书开余，凿通石门，中遭元二，西夷虐残，桥梁断绝，子午复循，上则县峻，屈曲流颠。临石门颂。"款"公符学兄属，常赞春"。钤"常赞春印""子襄""柞闲学人"三方印。

常赞春　隶书八言联

民国

纸本

纵 131 厘米，横 31 厘米

1963 年山西省祁县征集

常赞春（1872~1941年），字子襄，又字翊臣，号髯翁、迁生、柞用等，别号柞闲吟盦，山西榆次人。清光绪二十八年（1902年）中举，后入京师大学堂文科班，师从林纾等经学大师，曾在山西大学、国民师范等校执教。博学多才，擅长书画、篆刻及金石考据，晚年著述颇多，是清末民初三晋卓有成就的书法家、篆刻家、教育家。

"庭列瑶阶林挺璃树，琴号珠柱书名玉杯。"款"善堂二兄姻大雅属书，弟常赞春集六朝文句"。钤"常赞春印""子襄"两方印。

満春

春生一兄大雅方家屬篆頃田

弢政時庚申仲春下澣

弦政時庚申仲春下澣

春生一兄大雅方家属篆 項由京歸來家居無憀閱元遺山集春寒一律 情景差近惟結聯不似錄博

弟常贊春篆並識於省寓之歲寒室

常赞春　篆书元好问诗四条屏

民国
纸本
纵 132 厘米，横 31.5 厘米
旧藏

"草木荒城屋数椽，春寒闾巷益萧然。僮奴樵爨头如荼，稚女跳梁履又穿，白石鲤鱼空尺半，朱门食客自三千。松枝麈尾山中满，去去南华有内篇。"款"春生一兄大雅方家属篆，顷由京归来家居无憀，阅元遗山集《春寒》一律，情景差近，惟结联不似，录博弦政，时庚申仲春下浣。弟常赞春篆并识于省寓之岁寒室"。钤"常赞春印""子襄""味道守真"印。"庚申"为1920年。

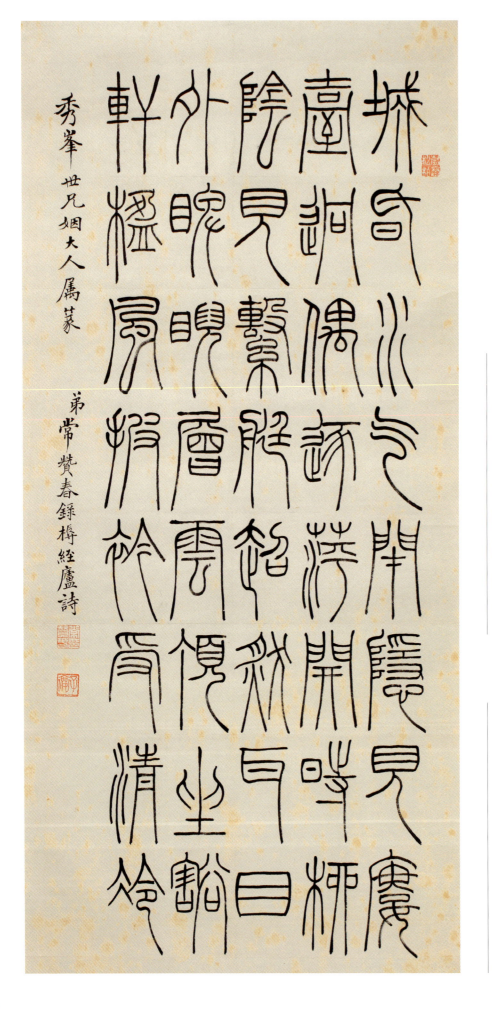

常赞春　篆书王轩诗轴

民国

纸本

纵 130.8 厘米，横 48 厘米

1953 年山西省太原市征集

"城昏水气闭，隐见楼台迥。偶逐萍开时，柳阴见系艇。超然耳目外，睥睨层云顶。坐豁轩楹风，披衿受清冷。"款"秀峰世兄姻大人属篆，弟常赞春录樗经庐诗"。钤"常赞春印""子襄""岁寒松柏"三方印。

常赞春

仿汉金刻文书联

民国

纸本

纵 131.5 厘米，横 31.5 厘米

1963 年山西省太谷县征集

"除将慈孝友恭更有何事可乐，只是谦和雍睦自然到处皆春。"款"阁丞尊兄属篆，子襄常赞春仿汉金刻文"。钤"常赞春印""子襄""柞闲吟盦"三方印。

閣丞尊兄屬篆

子襄常贊春仿漢金刻文

常赞春　指画东坡笠屐图轴

民国
纸本　设色
纵 84 厘米，横 37.3 厘米
1960 年山西省太谷县征集

图绘东坡笠屐，笔简意足，气韵
生动。款"癸酉仲秋淫雨连朝，
仿明贤东坡笠屐图，为向甫尊兄
雅属，常赞春指画"。钤"常赞春
印""子襄""柞闲学人"三方印。

常赞春
篆书商山四皓紫芝歌诗轴

民国
纸本
纵 130 厘米，横 82.5 厘米
旧藏

"莫莫高山，深谷逶徲。晔晔紫
芝，可以疗饥。唐虞世远，吾将安
归？驷马高盖，其忧甚大。富贵之
畏人，不如贫贱之肆志。"款"商
山四皓紫芝歌，子襄常赞春篆"。
钤"臣常赞春""子襄""柞闲吟
盦"三方印。

莫莫高山 深谷逶迤 曄曄紫芝 可以療飢 唐虞世遠 吾將何歸 駟馬高蓋 其憂甚大 富貴之畏人兮 不如貧賤之肆志

商山四皓紫芝歌

子襄常赞春篆

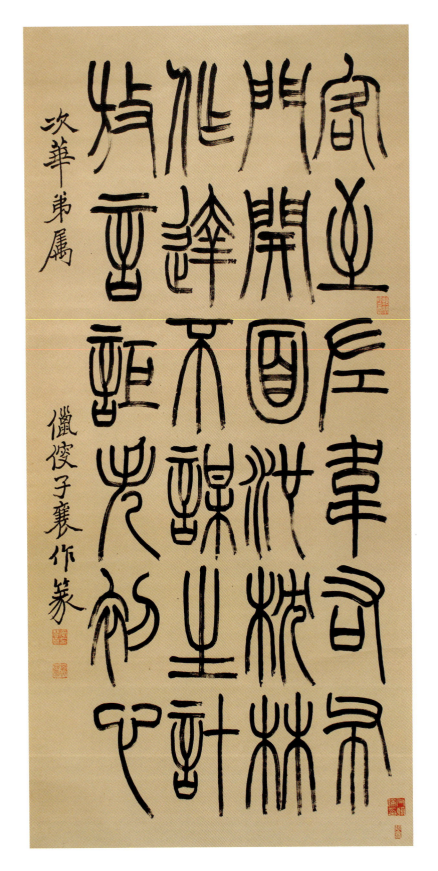

常赞春　篆书六言诗轴

民国
纸本
纵 130 厘米，横 64 厘米
1963 年山西省太谷县征集

"客之左韦右布，门开面池枕林。作达不谋生计，放言讵考初心。"款"次华弟属，儗傻子襄作篆"。钤"常赞春印""子襄""柞闲学人"三方印。

常赞春　篆书赵俞七言诗轴

民国
纸本
纵 63 厘米，横 41.7 厘米
1962 年山西省祁县征集

篆书赵俞《溪声》七言诗："结庐何日住深山，竹月松风相对闲。却怪溪声忙底事，春流偏欲到人间。"款"录清贤题画诗，子襄常赞春"。钤"常赞春印""子襄""柞闲学人"三方印。

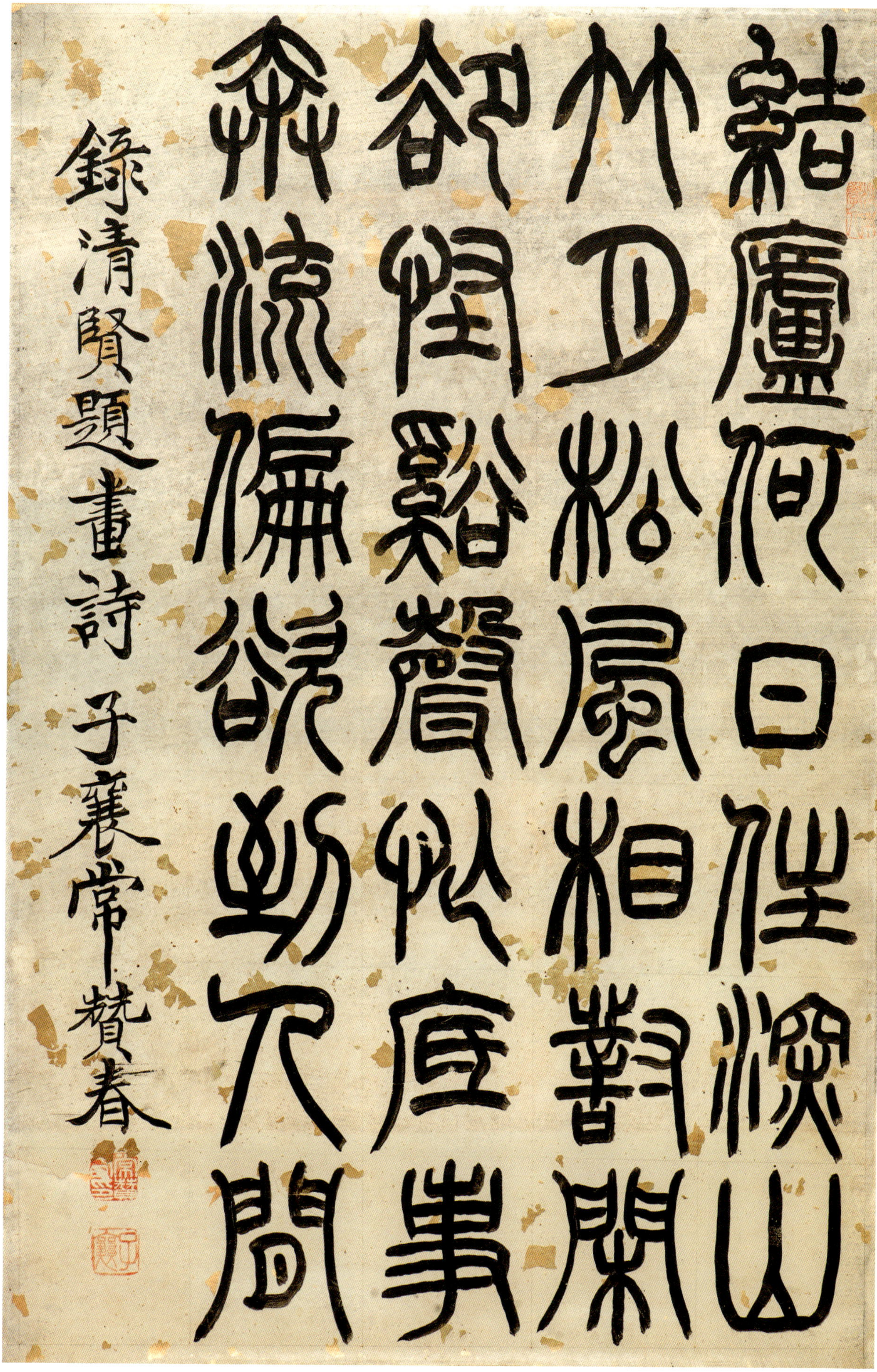

結廬何處傍澗山
竹日松風相對閒
卻閟谿聲似庭事
森淥偏谿虹人間

錄清賢題畫詩 子襄常贊春

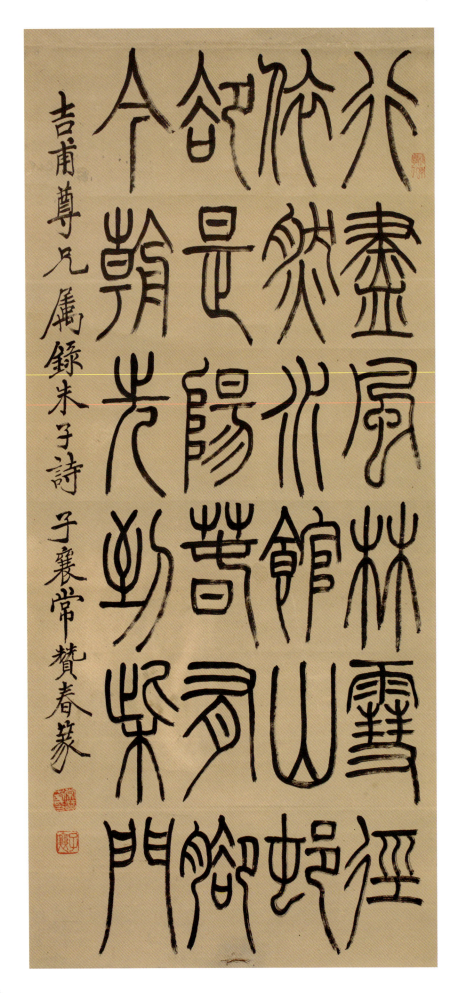

常赞春
篆书朱熹铅山立春诗轴

民国
纸本
纵 93 厘米，横 42.5 厘米
旧藏

"行尽风林雪径，依然水馆山村。却是阳春有脚，今朝先到柴门。"款"吉甫尊兄属录朱子诗，子襄常赞春篆"。钤"常赞春印""子襄""柞闲学人"三方印。

常旭春　行书陆游诗句联

民国

纸本

纵 130 厘米，横 31.5 厘米

1962 年山西省祁县征集

常旭春（1873～1949年），字晓楼，号藏山、孝麓，山西榆次人。清光绪二十八年（1902年）举人，曾任礼部员外郎、山西众议院副议长、山西大学教授、保晋公司董事长兼总经理等职。工书法，其书法由魏碑入手，后专学唐李兆海，笔力气势磅礴、苍劲有力，自成一家。

句联出自陆游《幽居述事》："琴传数世漆纹古，鹤养多年丹顶深。"款"兆梅先生属，孝麓常旭春"。钤"常旭春""孝陆五十后作"两方印。